Vorwort

Abgearbeitet, im sonntäglichen Putz – so steht sie mit dem Ausdruck bäuerlichen Stolzes vor der idealisierten Herrschaftskulisse des adeligen Gutshofes, die „Magdalene Pichelmayrin oder so genante Henner-Lena“. Mit 18 Jahren war sie in den Dienst der Grafen von Toerring-Jettenbach getreten, wo sie nach einem mehr als sechzigjährigen Arbeitsleben vermutlich 1758 mit 81 Jahren starb. Sie war zuletzt Hühnermagd – so zeigt sie das Bild – und stand damit auf der untersten Stufe in der Sozialleiter des herrschaftlichen Gesindes.
Obwohl nur ein kleines Rädchen im Gefüge dieses ländlichen Kosmos verdient sie dennoch den Platz auf der Titelseite dieses Heftes. Erinnert sie doch in ihrer Person an ein über Jahrhunderte wirksames gesellschaftliches Ordnungssystem, das die ländliche Lebenswelt und den individuellen Handlungsspielraum des „vierten Standes“ bestimmte.
Die dörfliche Welt war ein lebendiges Spannungsfeld zwischen adeliger Herrschaft und bäuerlicher Genossenschaft, zwischen alten dörflichen Gemeinderechten und obrigkeitlichen Machtansprüchen. Zudem stellte sie in ihrem Inneren stets eine komplizierte Gemengelage aus sozialer Schichtung und wirtschaftlicher Differenzierung dar. Trotz allen Wandels im einzelnen bildete sie ein tragendes Kontinuitätselement, das erst nach 1800 grundlegende strukturelle Änderungen erfuhr. Für ein Land wie Bayern, das zu Recht bis weit ins 20. Jahrhundert als Agrarstaat bezeichnet wurde, ist die genauere Betrachtung der dörflichen Gesellschaft im alten Bayern daher nicht nur von Interesse, sondern auch von Relevanz. Aus dem historischen Verständnis der Eigenart und Eigenständigkeit des Dorfes nämlich werden spezifische Charakteristika erkennbar, die auch der heutigen Diskussion um die Erhaltung und Entwicklung des ländlichen Raumes manchen Anstoß geben können. Zur modernen Dorferneuerung gehört eben auch die Dorfgeschichte, aus der fortwirkende Strukturen und Prägungen erkennbar werden. Das vorliegende Heft, das thematisch im Umfeld der Landesausstellung des Jahres 1992 „Bauern in Bayern“ steht, mag dazu einen bescheidenen Beitrag leisten.

Manfred Treml

Vierter Stand

„Der hiesige Bauer", heißt es in Joseph Hazzis Landesbeschreibung von Bayern aus dem Jahr 1802, „hat ein unglückliches Mißtrauen gegen seine Obrigkeiten. Er sieht alle für seine Peiniger an, die es sich zum Geschäfte machen, ihm das Leben recht zu verbittern, und alle seine Lebenssäfte aufzusaugen".

Dabei erfreute sich doch der Bauer seit einiger Zeit einer bis dahin ungekannten öffentlichen Aufmerksamkeit und Beliebtheit. In Akademievorträgen war vom „Joch der übermäßigen Frondienste" und von der Landwirtschaft als dem „Grundstein, auf dem das Glück der Völker ruht", die Rede; es gab Zeitschriften, Bücher und Broschüren, die für die Rechte der Bauern und die Verbesserung des Landbaues eintraten. Die Landwirtschaft war – in ganz Mitteleuropa – in den letzten Jahrzehnten des 18. Jahrhunderts in Mode gekommen. Und der Bauer wandelte sich im Zug dieser „agrarischen Bewegung" zum Menschen, zum Mitbürger, ja wurde womöglich zum Philosophen gekürt. In den 1760er Jahren schon hatte der Publizist Kohlbrenner in den Münchner „Intelligenzblättern" „eine gewisse Verachtung und Geringschätzung, die bisher sehr oft noch gegen die Landleuthe geäussert worden", bedauert. Eine Generation früher dagegen soll ein bayerischer Beamter die Bauern spöttisch als eine „Kreuzung zwischen Tier und Mensch" bezeichnet haben.

Die Bauern waren Jahrhunderte der vierte und unterste Stand der Gesellschaft gewesen – „Der letzte Stand ist derer," schrieb 1520 der Humanist Johannes Boemus, „die auf dem Lande in Dörfern und Gehöften wohnen und dasselbe bebauen und deshalb Landleute genannt werden". Und er fügte an: „Ihre Lage ist ziemlich bedauernswert und hart...".

Aber was bedeutet „letzter Stand"? Während der frühen Neuzeit war der gesellschaftliche Rang etwas Vorgegebenes, Zugewiesenes – Ausdruck einer hierarchischen Gesellschaftsordnung, in die man hineingeboren wurde und in der so etwas wie die unveränderbaren Prinzipien der Welt-

◁ Nachdem seit den 1760er Jahren Landwirtschaft und Bauern zu einem Modethema geworden waren, entdeckten gegen 1800 auch die Maler das Land: die Natur, die Bauern und ihre „Trachten" *(Bauernpaar aus der Gegend von Straubing (Gäuboden), Ludwig Neureuther, um 1805, Aquarell, Feder über Bleistift, München, Staatliche Graphische Sammlung, 15016).*

Auf der Ständetreppe hat links unten der Bauer, rechts unten der Soldat seinen Platz; unter ihnen sind nur noch Kinder und Narren angesiedelt *(Augsburg, 1616, Radierung, Berlin, Staatliche Museen zu Berlin – Museum für Deutsche Volkskunde).*

Die Feste und Vergnügungen der Landleute, dargestellt auf einem bemalten Holzteller 1547. In der Mitte eine Hochzeitsszene, auf dem Tellerrand: Pferderennen, Schwertlaufen mit Gläsern auf den Händen, Kugelspiel, Schwertkampf und Lanzenstechen, eine Wallfahrt, das Hahnenfangen oder -köpfen sowie die Markt- und Andenkenbuden vor einer Kirche: ein ausgelassenes, wenn nicht übermütiges Leben, wie es viele Bauerndarstellungen des 16. Jahrhunderts zeigen *(Öl/Holz, Teller gedrechselt, Monogrammist AAM (?), AMA (?), MAA (?), AVA (?), 1547, Schloß Harburg, Fürstl. Oettingen-Wallerstein'sche Sammlungen, Plastik-Kat. 191).*

ordnung zum Ausdruck kommen sollten. Die Menschen galten nicht als gleich. Sie waren im Gegenteil „unterschiedlich beschaffen", hatten unterschiedliche Rechte, unterschiedliches Ansehen und gingen bestimmten, für ihren jeweiligen Stand charakteristischen Tätigkeiten nach. Geburt, Ehre, Recht, Tätigkeit – all das hing zusammen, bildete eine festgefügte Einheit. „Stand ... ist eigentlich nichts anderes, als die Beschaffenheit eines Menschen, wodurch er von anderen unterschieden wird, und also auch, in Ansehung dieses Unterschiedes, nicht alle und jede durchgängig einerley Rechte, sondern einer vielmehr immer andere, als ein anderer, zu genuessen haben", heißt es in Zedlers Universallexikon noch 1744.

Johannes Aventinus, der bayerische Geschichtsschreiber des 16. Jahrhunderts, schrieb in seiner Bayerischen Chronik 1533 über die Bauern: „Der gemain man, so auf dem gä und land sitzt, gibt sich auf den ackerpau und das viech, ligt demselbigen allain ob, darf sich nichts on geschaft der öbrigkait understen, wird auch in kainen rat genomen oder landschaft ervodert; doch ist er sunst frei, mag auch frei ledig aigen guet haben, dient seinem herren, der sunst kain gwalt über ihn hat, jerliche güld zins und scharwerk, tuet sunst was er wil, sitzt tag und nacht bei dem wein, schreit singt tanzt kart spilt; mag wer tragen, schweinspieß und lange messer. Grosse und überflüssige hochzeit, totenmal und kirchtag haben, ist erlich und unsträflich, raicht kainem zu Nachtail, kumpt kainem zu übel."

Bäuerliche Herbstarbeiten zeigt ein Monatsbild *(September oder Oktober, Hans Wertinger, Landshut (?), um 1525/30, Öl/Holz, Nürnberg, Germanisches Nationalmuseum, GM 1239).*

Dem Bauern – und nur ihm – oblag die Landarbeit. Erde, Mist und Viehdunst hafteten ihm an und ließen ihn – jedenfalls in den Augen der übrigen Stände – so niedrig erscheinen wie die Dinge, mit denen er umging. Denn was war das Wühlen im Acker und das Schlachten von Schweinen im Vergleich zu den Beschäftigungen des Adels? „Arbeitsam und unsauber" nennt Boemus die Landleute – und weder das eine noch das andere adelte einen Menschen.
Seiner niedrigen Tätigkeit entsprechend war der gemeine Mann abhängig: Er mußte vor jeder wichtigeren Handlung die Erlaubnis seiner „Obrigkeit" einholen. Er wurde „in kein Rat genommen oder Landschaft ervoderet", das heißt, er war von allen politischen Entscheidungen, die allein Sache des Landesherrn, des Adels, der höheren Geistlichkeit und der Stadt- oder Marktbürger waren, ausgeschlossen. Daran sollte sich bis in das 19. Jahrhundert nichts ändern. Und selbstverständlich hatte der „gemain man" den besseren Ständen die gebührende Ehre zu erweisen, war er durch Kleiderordnungen zu einem bescheidenen Äußeren verpflichtet. Der Landmann war – wie es in Sebastian Francks „Weltbuch" 1534 eher mitleidig heißt – „jedermans Fußhader und mit Fronen, Scharwerken, Zünsen, Gülten, Steuern, Zöllen hart beschwert und überladen".
Seinem geringen politischen und sozialen Rang entsprach seine wirtschaftliche Abhängigkeit. Zwar „mochte", so Aventinus, der bayerische Bauer „auch frei ledig aigen guet haben", doch dies galt nur für eine Minderheit oder für einen kleinen Teil seines Besitzes. Im alten Landge-

Über Generationen erlebten sich die Bauern als Opfer der großen Politik. Von „tausend Kriegsgefahren“ sahen sie sich bedroht, als 1800 französische Soldaten durch das Land zogen *(Votivbild der Gemeinde Holzhausen/Starnberg, um 1800, Kath. Kirchenstiftung Holzhausen).*

richt Dachau z.B. saßen 1500 nur zehn Prozent der ländlichen Familien auf eigenem Haus oder Hof. Alle anderen waren Grundherren untertan. Diesen Grundherren hatten sie einen erheblichen Teil ihrer Einkünfte und Erträge als „Gilt“ (Naturalabgabe) und/oder „Stift“ (Geldabgabe) abzuführen; ihnen hatten sie im Zweifelsfall über ihre Wirtschaftsführung Rechenschaft abzulegen; und immer wieder mußten sie einer Erhöhung der Abgaben gewärtig sein.

Die Pflichten der Bauern gingen noch weiter, denn sie hatten mehreren Herren zu dienen: Hand- und Gespanndienste – „Scharwerk“ nannte man das in Bayern – wie Pflügen, Eggen, Holzhacken für den Gerichtsherrn; den Frucht- und Blutzehnt für die Kirche; Steuern und besonderes Scharwerk für den Landesherrn; Haferabgaben für den Vogteiherrn; dazu – so jedenfalls im 16. Jahrhundert und auch sonst immer wieder – die Stellung von „Heerwagen“ oder Mannschaft für das Militär.

Die Abhängigkeiten waren nicht nur dinglicher Art, sondern betrafen bisweilen auch die Person. Stolz verkündete Bayern 1808 die Abschaffung der Leibeigenschaft. Bis dahin gab es noch die Eigenleute, die einen jährlichen Kopfzins entrichten und sich im 16./17. Jahrhundert noch freikaufen mußten, wenn sie in die Stadt oder in einen anderen Herrschafts-

Soldaten und Offiziere sind als Bauernschinder auf einem Nürnberger Flugblatt des 17. Jahrhunderts dargestellt. „Es herrschet uber uns der mehr als Höllen Hauff / Das Schwert frißt Weib und Kind; nachdem die Pferd gestolen / Und nichts mehr übrig ist / das die Soldaten holen / So muß der arme Bauer, o ubergrosse Pein! Mit einem Maul Gebiß das Roß und Esel sein.“ Links im Hintergrund ist die Plünderung eines Bauernhofs zu sehen *(New Bauern-Klag / Uber die Unbarmhertzige Bauren Reutter dieser zeit, 1642, Flugschrift, Nürnberg, Germanisches Nationalmuseum, HB 16439).*

bezirk ziehen wollten. Aus ihrer Hinterlassenschaft stand dem Leibherrn das „Besthaupt“, ein „Todtfall“ oder etwas Ähnliches zu.
Gerade in einer vorrangig agrarischen Gesellschaft beruhte das Wohlleben der anderen Stände zu einem erheblichen Teil auf der Abschöpfung der Erträge und Leistungen der Bauern. Der Adel, die Städte, sie alle zehrten vom Landmann, und jeder wußte das im Grunde: „Als Adam grub und Eva spann, wo war denn da der Edelmann?“ – besonders in der Zeit der Bauernkriege kursierte diese ständekritische Parole. Hier und da prangerten Geistliche die „Bauernschinderei“ an. Aber sie vertrösteten das Landvolk – wie der Barockprediger Selhamer – auf das Jenseits, in dem „all euer Leid in die gröste Freud, all euer Armuth in den grösten Überfluß alles Guts, all euer Verfolgung in die ewigwehrende Glory“ verwandelt würde. Denn trotz der Kritik an diesem oder jenen Mißstand: die Menschen waren verschieden wie die Teile eines Körpers, die sich gegenseitig ergänzen – weshalb auch „allerley Ständ in der Welt seyn müssen, und ein jeder mit seinem Stand und dem Loß, so auf ihn gefallen, zufrieden sein solle“. Und betonte nicht Aventinus, daß der „gemain man“, abgesehen von seinen Abgabepflichten, doch eigentlich recht frei war: „tuet sunst was er wil, sitzt tag und nacht bei dem wein, schreit singt tanzt kart spilt ...“ – die bäuerliche Fremdbestimmung hatte offenbar auch ihre Grenzen.

Anders als die kleinen Territorien Frankens und Schwabens blieben Ober- und Niederbayern von dem großen Bauernaufstand 1525, der bald blutig niedergeschlagen wurde, verschont. Zu größeren Erhebungen kam es in Altbayern während des Dreißigjährigen Krieges und unter der österreichischen Besatzung 1705/06 *(anonym, um 1615, Feder/Pap., München, Bayerisches Hauptstaatsarchiv, Pl 10449).*

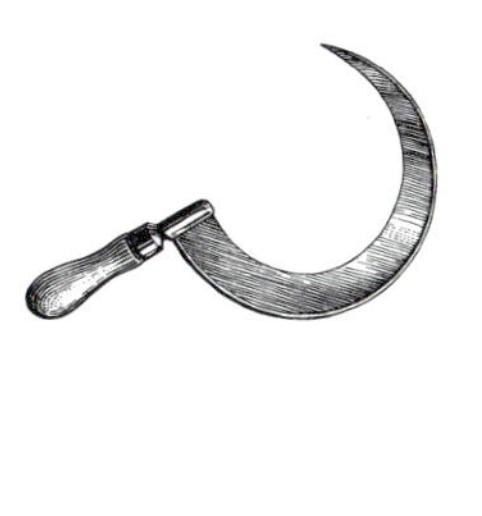

Herren, Bauern und Gemeinde

Die Begriffe „Grundherrschaft“ oder „Feudalordnung“ sagen über das Ausmaß bäuerlicher Selbständigkeit oder Abhängigkeit noch relativ wenig. Die Grundherrschaft kannte sehr unterschiedliche Formen der Organisation: Die Herren konnten ihr Land mit Hilfe ihres Gesindes und ihrer Bauern in Eigenregie bewirtschaften. Das war bei den mittelalterlichen „Villikationen“ so gewesen und wurde seit dem 16. Jahrhundert östlich der Elbe, im Bereich der Gutsherrschaft üblich. Zum anderen konnten sie ihr Land an Bauern geben, die relativ selbständig wirtschafteten. Diese Entwicklung hatte der Westen – und im großen und ganzen auch Bayern – genommen. Natürlich gab es auch hier Adelssitze und Klöster mit einer mehr oder weniger ausgedehnten Eigenwirtschaft. Doch meist war der Besitz gerade der großen Herren viel zu weit gestreut und zersplittert, um eine geschlossene Bewirtschaftung zu erlauben. Prägend waren damit für Bayern neben einem begrenzten herrschaftlichen oder klösterlichen Hofbau Tausende selbstwirtschaftender Bauern und Häusler, die gegenüber ihren oft in weiter Entfernung residierenden und eher rentenorientierten Grundherren vor allem zur Lieferung von Geld und Naturalien verpflichtet waren. An dieser Grundstruktur sollte sich bis 1800, eigentlich bis 1848 wenig ändern.

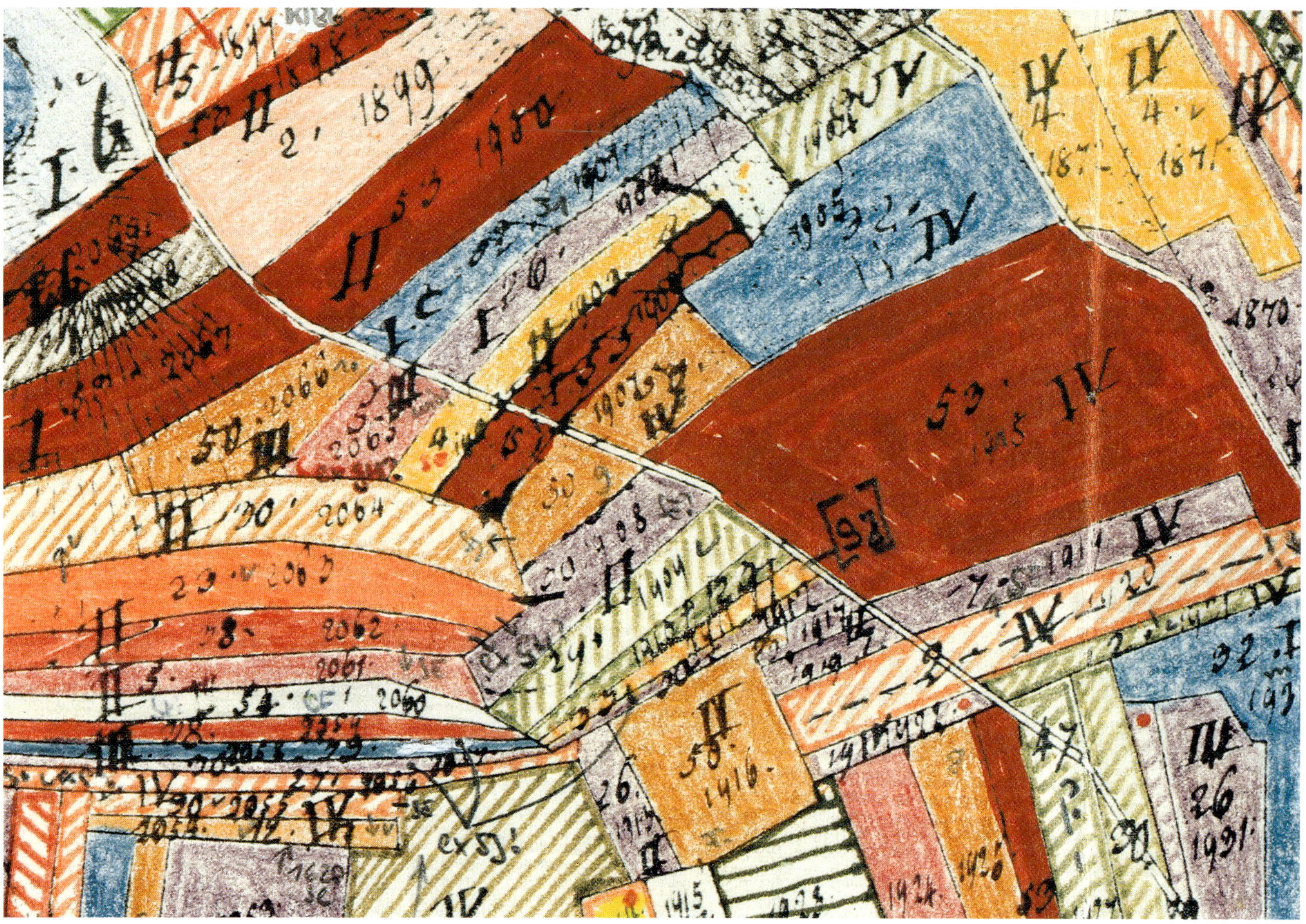

Eine Grundherrschaft umfaßte durchaus nicht immer weiträumigen und geschlossenen Landbesitz. In vielen Dorffluren war das grundherrliche Eigentum so zersplittert wie die Äcker und Wiesen der Bauern. Dies zeigt beispielsweise ein Ausschnitt der Ackerflur der Gemeinde Unterfinning (Lkr. Landsberg) um 1800. Obereigentumsrechte hatten unter anderem die Pfarrkirche Unterfinning, das Kloster Benediktbeuern, das Pittrich Regelhaus München, das Collegium Societas Jesu Landsberg, das Kurfürstliche Kastenamt Landsberg, die Klöster Wessobrunn und Dießen, Baron Lösch von Hilgertshausen und die Pfarrkirche Oberfinning *(Entwurf: Rainer Beck, Unterfinning; Grundstücksgrenzen nach einer Flurkarte von 1811, 1:5000, München, Bayer. Landesvermessungsamt, S.W. 6–19).*

Der Dorfplatz von Rainding.

Raisbach mit Tor und Zaun, dem sog. Etter, der Dorf und offene Flur als Bereiche verschiedenen Rechts voneinander abgrenzte.

Hirten weiden in den Stoppeläckern die Schafherde der Gemeinde Kamm.

Getreideernte bei Ortenburg. Die Termine für Beginn und Abschluß der Ernte wurden von der ganzen Gemeinde beschlossen.

Verschieden waren auch die Rechte, zu denen Grundholden ihre Höfe bewirtschafteten. Es gab den Beständer, der ein Gut betrieb, an dem ihm weder Gebäude, Vieh noch Geräte gehörten, bestenfalls einige Möbel. Er konnte von einem Jahr aufs andere fortgeschickt werden. Auf der anderen Seite gab es den Erbrechtler, der Miteigentümer des von ihm bewirtschafteten Anwesens war. Wir verfügen über keine Statistik der Besitzrechte bayerischer Bauern am Beginn der Neuzeit. Doch zumindest als Gewohnheitsrecht dürfte sich, wie das für Westeuropa typisch war, die Vererbbarkeit der Güter ziemlich durchgesetzt haben. Zudem wurde mehr und mehr das Teileigentum zum vorherrschenden Merkmal der Kontrakte zwischen Grundherren und Bauern, so daß im 18. Jahrhundert andere Leiheformen kaum mehr vorkamen. Ob ursprünglich freiwillig oder nicht – die Bauern kauften sich in ihre Güter ein: gemäß der Rechtsform des „geteilten Eigens" nicht als Voll-, sondern als Nutz- oder Untereigentümer, denen ein Teil des Vermögenswertes ihrer Häuser und Höfe (das „nießbare Eigen", wie die Bauern der Grafschaft Haag 1562 sagten) gehörte.

Selbst wenn die Bauern unter Druck kamen und ihr „freies Eigen" zwischen 1500 und 1800 abnahm, saßen sie auch als Grundholden relativ fest auf ihren Gütern. Sie bewirtschafteten sie mit ihrer Familie in eigener Regie und begriffen sie durchaus als ihren Besitz. Im Bereich der Bodenleihe und des Besitzrechts hatten sich die Beziehungen zwischen Grundherren und Bauern damit gegenüber älteren Formen der persönlichen Abhängigkeit versachlicht, ökonomisiert. Soweit sich das Interesse der Grundherren auf die Abschöpfung des bäuerlichen Mehrproduktes,

Landschafts- und Ortsansichten aus der niederbayerischen Grafschaft Ortenburg *(Zyklus von 40 Aquarellen, Friedrich Kasimir von Ortenburg, um 1620/30, Weitramsdorf, Gräflich Ortenburg'sche Hauptverwaltung)*

Schloß Neudeck bei Ortenburg, ein Hofmarkssitz, der wie hunderte bayerischer Burgen und Schlösser am Ende des Feudalzeitalters im 19. Jahrhundert abgerissen wurde *(Zyklus von 40 Aquarellen, Friedrich Kasimir von Ortenburg, um 1620/30, Weitramsdorf, Gräflich Ortenburg'sche Hauptverwaltung).*

den regelmäßigen Bezug ihrer „Rente" konzentrierte, war das tägliche Wirtschaften eine Angelegenheit, deren Regelung grosso modo den Bauern selbst überlassen blieb.

Im bäuerlichen Alltagsleben spielten allerdings noch andere als nur herrschaftliche Bindungen eine Rolle: Vor allem die Gemeinde behauptete einen wichtigen Platz. Diese „Gmain", deren oberstes Gremium die Versammlung aller Haushaltsvorstände und deren wichtigste Repräsentanten die Dorfvierer darstellten, war für das Leben des einzelnen nicht weniger bedeutsam als sein Platz in der staatlichen oder feudalen Ordnung – zumal er neben der weltlichen auch Mitglied der Kirchengemeinde war. Zwar fungierte die „Gmain" zum Teil als verlängerter Arm der Obrigkeit, etwa indem sie die Einbringung von Steuern organisierte oder für die Stellung von Schararbeitern sorgte. Doch die Gemeinde regelte auch die soziale und wirtschaftliche Kooperation der Dorfgenossen. Sie regulierte Interessen und Konflikte verschiedener innerdörflicher Fraktionen, und sie wurde bisweilen nach außen politisch aktiv, formulierte Beschwerden und Petitionen oder organisierte den Widerstand gegen Übergriffe der Herrschaft.

Nicht allein weil man auf die Hilfsbereitschaft oder soziale Anerkennung der Nachbarn angewiesen war, sondern weil schon auf der Ebene des täglichen Wirtschaftens kein Gemeindemitglied wirklich autonom war, konnte man sich den Regeln des Dorfes nicht entziehen. Wer Vieh hatte, trieb es am Morgen dem Gemeindehirten unter die Geißel; wer sein Heu oder Getreide ernten wollte, mußte sich nach den gemeinsam festgesetzten Terminen richten.

Auch die traditionelle Landgemeinde kannte – jedenfalls in der offenen Flur – kein freies Eigentum, keine freie Verfügungsgewalt über Grund und Boden. Neben dem Gemeindeland, der „Allmende" (meist Weideland und Wälder), kannte man zwar durchaus so etwas wie individuellen Besitz (vor allem Äcker und Wiesen). Doch dieser stand seinem Besitzer nur eine begrenzte Periode des Jahres zur Verfügung. Nach der Ernte hatte die Gemeinde das Nutzrecht auf diesen Gründen, die Wiesen und Äcker dienten als allgemeine Weide für das Vieh. An diesem dörflichem Recht konnte auch der Grundherr als Obereigentümer bäuerlichen Individualbesitzes nichts ändern.

Jedes Gemeindemitglied zog – wenngleich in unterschiedlichem Maße – seinen Nutzen aus der „Gmain". Dafür hatte es sich anteilig an den gemeindlichen „Bürden" zu beteiligen: an Steuern und Abgaben, am Wegebau, dem Unterhalt der Hirten und Gemeindebediensteten, an Wolfsjagden, der Armenversorgung usw.

Man kann, wie das zu Beginn des Bürgerlichen Zeitalters üblich wurde, diese Gemeinde zu einem Zwangsverband erklären, der das „Individuum" einem obskuren kollektiven Willen unterwarf. Doch ohne Zweifel bot die Landgemeinde ihren Mitgliedern Schutz und – soweit sie sich eben als Kollektiv begriff – die Möglichkeit zu einer gewissen kulturellen und politischen Selbstbestimmung. Die Gemeinde bildete ein Gegengewicht zu den Kräften von Obrigkeit und Herrschaft – wobei man allerdings nicht verschweigen sollte, daß es unterschiedliche Gemeindetypen und unterschiedliche Grade obrigkeitlicher Durchdringung gab.

So existierten auf dem bayerischen Gäu landgerichtische und hofmärkische Gebiete und Gemeinden. Während in ersteren der Landesherr, der durch den Pfleger und/oder Landrichter des nächsten Amtssitzes vertreten wurde, die öffentliche Gewalt ausübte, lagen in den Hofmarken außer den drei Hochgerichtsfällen die Rechtsprechung, Exekutive und Administration – also die Niedere Gerichtsbarkeit – in Händen eines Adeligen oder Standesherrn, der zugleich Grundherr, womöglich auch noch Leibherr für einen Gutteil seiner Gerichtsuntertanen war. Diese Hofmarken – etwa 1400 gab es von ihnen – können als halbimmune Kleinterritorien und Verdichtungsräume einer feudalen Herrschaft angesehen werden, in denen sich das Leben der Untertanen oft genug unter den Augen der „Herren" abspielte, was dem gemeindlichen Eigenleben nicht unbedingt förderlich war.

Natürlich waren auch die landgerichtischen Gemeinden kein herrschaftsfreier Raum, vor allem seit der Wende vom 16. zum 17. Jahrhundert, als der absolutistische Staat seine Kontrolle über die Untertanen verstärkte. Hier wie dort suchte man die Eigenständigkeit der Bauern zu unterbinden. Dennoch dürfte dies in den weiten Landgerichtsgebieten etwas schwieriger gewesen sein. Und so ganz gelang es weder der einen noch der anderen Obrigkeit, die Bauern und ihre Gemeinde an die Leine zu legen.

In den letzten Jahrzehnten des 18. Jahrhunderts nahm die Kritik an den Privilegien des Adels wie der Korruptheit der Beamten, die willkürlich Strafen erließen und nur hinter dem Geld der einfachen Leute her waren, zu, wie diese satirische Darstellung belegt. An der Wand sind zwei „Geigen", Schandinstrumente vor allem für Frauen, die man um Hals und Handgelenke sperrte, zu sehen; vorne rechts ein Verurteilter, der mit Händen und Füßen in den „Stock" gespannt ist *(Vor dem Hofmarksrichter, Johann Jacob Mettenleiter zugeschrieben, aus: Simon Rottmanner: Unterricht eines alten Beamten..., Bd. 1, Linz 1783–87; München, Bayerische Staatsbibliothek, 8° Bavar. 2725).*

Zeitläufte

Ungefähr seit 1500, dem Beginn der Neuzeit, waren die Dörfer und die Zahl der Menschen – in ganz Europa – im Wachsen begriffen. Verschiedene Krisen und schließlich die Pestwelle von 1348 hatten Europa auf das Härteste getroffen. Die Bevölkerungsdichte Bayerns betrug damals vielleicht ein Fünftel von heute. Die Anzahl der Siedlungen war zwar kaum geringer, doch waren die Dörfer viel kleiner, manchmal nur halbe Weiler. Nun aber setzte ein Expansionsprozeß ein, der in Bayern bis in die 20er Jahre des 17. Jahrhunderts reichte und dessen Ausmaß gern unterschätzt wird: Das alte Landgericht Dachau z.B. zählte 1500 rund 2500 Anwesen, bis 1631 waren es über 3100 geworden. Die Bevölkerung hatte sich – nach halbwegs zuverlässiger Schätzung – noch stärker, nämlich um fast ein Drittel, vermehrt. Das war möglich geworden, weil mittlerweile nicht mehr jeder sein eigenes „Häusl" oder Anwesen besaß, sondern auch die „Inwohner", eine Art Mietleute, mehr und mehr geworden waren. Ein herzoglicher Beamter berichtete 1610 von Dachau nach München, die Dörfer wären derart mit „Ingeheißen" überfüllt, daß ihrer an manchen Orten noch einmal soviel wie Bauern und Häusler vorhanden wären. Das Wachstum in Dachau wurde mancherorten noch übertroffen: Im landsbergischen Unterfinning etwa kletterte die Häuserzahl allein zwischen 1552 und 1612 um 50 Prozent – von 34 auf 51 Anwesen.
In den 1610er, 1620er Jahren hatte sich das „lange 16. Jahrhundert" (französische Historiker gaben ihm diesen Namen) dem Ende zugeneigt. Dem prosperierenden Wachstum folgten Krisen. Der Dreißigjährige Krieg brachte neben seinen übrigen verheerenden Folgen eine neuerliche Pestwelle mit sich. Insgesamt dürfte Bayern bis 1650, als man mit dem Wiederaufbau beginnen konnte, zwischen einem Viertel und einem Drittel seiner Menschen verloren haben.

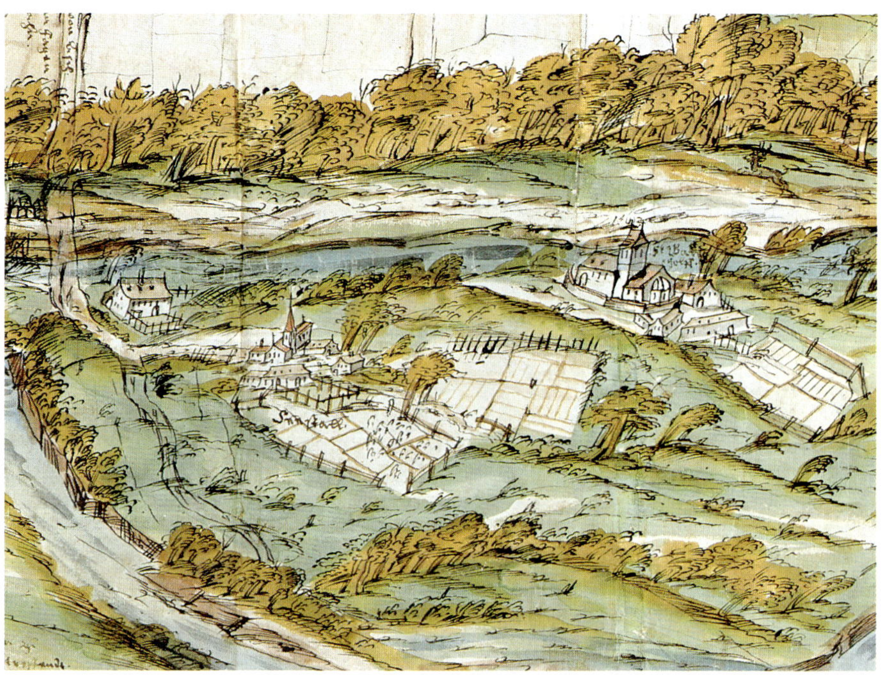

Die Federzeichnung zeigt die Gegend um Seestall im Gericht Landsberg. Auch wenn solche Ortsansichten kein getreues Abbild der Wirklichkeit sind: im 16. Jahrhundert lebte im Vergleich zu heute nur ein Bruchteil der Menschen in den meist noch kleinen Dörfern und Weilern *(Ausschnitt aus einer kolorierten Federzeichnung des 16. Jahrhunderts; München, Bayerisches Hauptstaatsarchiv, Planslg. 2654).*

„Der Allmechtig Gott sey ihnen und uns allen gnedig und barmhertzig. Amen", heißt es auf einer Votivtafel aus Greißing im kleinen Labertal. Dreimal war das Dorf von Freund wie Feind dermaßen geplündert worden, daß es „weder Pferd, Rinder, Schwein, Lemper, Hennen, Genß, Antten, in Summa nichts mehr gehabt, der unsrigen vil erhaut und erschossen, geschwaibelt. Und welches noch erbärmlicher zu hören und sehen gwest: als wir wider zu Haus khomen, ein solcher Pestilenz sterben darauf ervolgt, daß vil Leut auf dem Feld und hinter den Zeunen von den Hunden aus Hunger gefressen worden..." *(Votivtafel zum Gedenken an die Kriegsjahre 1632/34, Geiselhöring, Katholische Filialkirchenstiftung, Foto: Bernhard, Straubing).*

Kriege, Truppendurchzüge, Besatzungen kennzeichneten das ganze 18. Jahrhundert. Sie verlangten besonders den Bauern immer neue Opfer ab. Der Ausschnitt zeigt, wie Häuser und Stadel geplündert und zum Verbrennen abgerissen, wie Frauen und Kinder vor den Pflug gespannt, wie Krautbeete verwüstet werden *(Bayerischer Krieg Anno 1741 biß 1745, Ausschnitt, J.G. Käser, Vilshofen 1748, Öl/Lwd., Passau, Bischöfliches Ordinariat – Diözesansammlung, 394; D 1, Foto: Oberhausmuseum, Passau).*

Der hohe Bevölkerungsverlust brachte aber auch eine Chance, vor allem für den ärmeren Teil der Bevölkerung. Es gab mehr Land für weniger Leute. Die Zahl der Heiraten schnellte in die Höhe, Immigranten – etwa aus dem Tirolischen – kamen nach Bayern. Ein Teil der verwaisten Stellen

Die Votivtafel von 1657 zeigt Bauern in spanischer Tracht bei einem Kreuzgang *(Votivtafel, 1657, St. Wolfgang-Kirche in Thaining/Landsberg, Foto: Eva und Günter von Voithenberg, München).*

füllte sich rasch wieder; das Vieh wurde mehr – an Weiden bestand kein Mangel. Eineinhalb bis zwei Generationen lang, etwa bis zum Ende des Jahrhunderts, gab es genug verlassene Hofstätten, um eine langsam sich erholende Bevölkerung aufzunehmen. Dann waren die Äcker wieder bestellt, die meisten Höfe wieder „bemaiert", die Vorkriegsverhältnisse in gewissem Sinne restauriert.

Das 18. Jahrhundert wurde in nicht wenigen Teilen Europas ein Jahrhundert des Wachstums, auch des demographischen Wachstums (die Bevölkerung Frankreichs z.B. nahm – keineswegs nur aufgrund territorialer Gewinne – von 20/21 auf 28 Millionen zu). Die bayerischen Verhältnisse sind nicht ausreichend erforscht, doch es gibt Anzeichen für gegenläufige Entwicklungen. Während z.B. im Gericht Dachau – das man eine Weile als repräsentativ für ganz Oberbayern ansehen zu können glaubte – zwischen 1726 und 1760 eine rasante Vermehrung der Anwesen stattgefunden haben soll, deuten Zahlen für andere Regionen auf ein langsameres, teilweise von Rückschlägen begleitetes Wachstum. Eher scheint es so gewesen zu sein, daß Bayern an dem Bevölkerungsaufschwung des 18. Jahrhunderts wenig teil hatte, ja daß überhaupt die wirtschaftliche Entwicklung dieses auch jetzt immer wieder von Krieg und Besatzung in Mitleidenschaft gezogenen Landes von einer gewissen Stagnation gekennzeichnet war – bis sich dann zu Beginn des 19. Jahrhunderts dem zum Königreich erhobenen Bayern neue Horizonte erschlossen.

Vieles änderte sich in den drei Jahrhunderten zwischen 1500 und 1800 – auch für die „Bauern". Selbstverständlich die Mode: während man sie um 1650 noch „spanisch": dunkel gekleidet, mit spitzem Hut und steifem Kragen an Prozessionen und Kreuzgängen teilnehmen sieht, steht das 18. Jahrhundert im Zeichen des französischen Geschmacks: Die Kleidung wird bunter, lockerer – wie übrigens manch anderes auch im Gepräge dieser Zeit.

Man hat das 18. als ein „befreites" Jahrhundert bezeichnet, und von einem „strengen" 17. sowie einem „freizügigen" 16. Jahrhundert abzugrenzen versucht. An dieser freilich nur groben Unterscheidung ist einiges dran. Die Tag und Nacht singenden, spielenden, schreienden und tanzenden Bauern Aventins sind, wenn es sie so je gegeben hat, eine Erscheinung des freizügigen, des „grobianischen" 16. Jahrhunderts.

Seit den 1570er Jahren, spätestens aber um 1600, setzte eine Kampagne ein, die sich anschickte, in das Verhalten der breiten Massen einzugreifen

Wenn die Kirchenglocken zum Gebet läuteten, mußte unter dem strengen Regiment Maximilians I. jeder auf die Knie fallen und ein Vaterunser und Ave Maria beten. Die Mariensäule (1638 errichtet) mit den Betenden auf dem Münchner Schrannenplatz zeigt die konfessionelle Prägung des Alltags infolge der gegenreformatorischen Rekatholisierung *(Andacht vor der Mariensäule am Münchener Marienplatz, Bartholomäus Kilian, um 1660, Kupferstich, aus: Wittelsbach und Bayern, Ausstellungskatalog, Bd. II/1, München 1980, Taf. 10, Nr. 18).*

und dem Volk seine nunmehr als „unchristlich" und „unsittlich" gebrandmarkten Gewohnheiten und Bräuche auszutreiben. Es beginnt die Zeit einer forciert betriebenen Gegenreformation und des Erstarkens des Absolutismus – mit Maximilian I. (1598–1651) als exponiertestem Vertreter. Abgeschafft werden nun Volkstänze, deren „ärgerliche Gebärden" man verurteilt, oder der gemeinsame Badebesuch von Männern und Frauen. Wirtshausbesuche werden reglementiert; Wahrsagen, Kartenlegen und Beschwörungen, Spiele, Wettkämpfe und Maskeraden werden, wenn nicht verboten, so beschränkt; das Fluchen und Gotteslästern wird unter schwere Strafe gestellt. Die Zeiten, als man noch mit dem Protestantismus liebäugeln konnte – was auch in Bayern geschah –, sind vorüber. Statt-

Vor den Toren Münchens: Raub, Brandstiftungen, Morde und vor allem Hexerei warf der herzogliche Hofrat der Landfahrer-Familie Pappenheimer vor. Bei lebendigem Leib und vorher schon unsäglich geschunden, wurden die Angeklagten im Jahr 1600 verbrannt *(Kurtze Erzählung und Fürbildung der Übelthatten..., Augsburg: Michael Manger, um 1600; München, Münchner Stadtmuseum, M I/320).*

Höfische Gesellschaft – distinguiert *(Kurfürst Max Emanuel auf der Reiherjagd, Ausschnitt, Johann Bapt. Curlando, um 1690, Öl/Lwd., Staatsgalerie Schleißheim/Lustheim, Bayerische Staatsgemäldesammlungen, 2691, Foto: Blauel/Gnamm – Artothek, Peissenberg).*

dessen werden die Untertanen – wie in anderen Territorien auch – durch Gesetze, Strafverfolgung und staatlich bestellte Denunzianten auf eine strenge, konfessionelle Glaubenspraxis verpflichtet. Ein finsterer religiöser Eifer wird tonangebend. Und düster waren natürlich auch die Hexenverfolgungen, auf deren erstem Höhepunkt 1590/91 man in Schongau 63 Frauen verbrannte, um mit dem Brennen bis kurz vor dem Schwedeneinfall fortzufahren.

Unter sittlich-religiösem Vorzeichen findet eine Disziplinierung der Untertanen statt. Die Eliten grenzen sich im Zuge dieses Prozesses stärker ab. Für einen Adeligen oder besseren Bürger ist es nicht mehr Usus, sich unters Volk zu mischen, womöglich sich mit ihm zu messen oder seine Vergnügungen mit ihm zu teilen, wie das im 16. Jahrhundert noch vorkam. Die sozialen, besser gesagt „ständischen" Unterschiede zwischen oben und unten, zwischen den Ehrbaren und Unehrbaren werden betont. Man setzt auf Abstand, Distinktion – übrigens auch am unteren Rand der Gesellschaft, wo die Kluft sich vergrößert zwischen den ansässigen Bauern und den Bettlern, Vaganten oder Spielleuten.

Vereint mit der Kirche griff der frühabsolutistische Staat in mehr und mehr Lebensbereiche reglementierend ein. Autonomien gingen verloren, die gesellschaftliche Ordnung wurde zunehmend zentraler gelenkt und überwacht im Zeitalter der „Policey". Seit den 1590er Jahren war jede Zusammenkunft der Landgemeinden genehmigungspflichtig; das Landrecht von 1616 schrieb den Bauern vor, wieviele Gäste sie zur Hochzeit laden durften; die Vermögensverwaltung der Dorfkirchen wurde unter staatliche Aufsicht gestellt; das nächtliche „Gässelgehen" der Jugendlichen verboten und bestraft. Den unautorisierten Heiraten und „Winkelehen" war schon durch die Umsetzung der tridentinischen Reformen und die Einführung der Kirchenbücher ein Riegel vorgeschoben worden. An diesen Reglementierungen sollte sich bis zum 19. Jahrhundert nichts Wesentliches ändern.

Bauernfest – grobianisch: „Schaut den dollen Bauer-Hauffen, lustig hier beysammen sauffen, wan ist Sontag in der Schenk... an Zäunen da sicht man die Früchte des Saufen" *(Das Bauernfest, Daniel Hopfer, Augsburg, um 1533/36, Radierung, München, Staatliche Graphische Sammlung, 156026).*

Was sich im 18. Jahrhundert jedoch änderte, war der religiöse Rigorismus. Während zu Beginn des 17. Jahrhunderts religiöser Eifer dominierte und ein konfessionelles Milieu geschaffen wurde, dessen Formen sich irgendwann eingespielt hatten, wird das Denken auf das 18. Jahrhundert zu doch wohl irdischer, diesseitsgewandter. Man könnte einen neuen und leichteren Ton oder französische Sitten erwähnen. Doch wichtiger erscheint mir, daß auf dem Feld des sogenannten Sittlichen eine Verschiebung eintrat: „Liederlich" und „unwürdig" werden jetzt auch Männer und Frauen genannt, die sich nicht geziemend ihrer häuslichen und wirtschaftlichen Obliegenheiten annehmen. Die Ökonomie, also die Arbeit und das gute Wirtschaften, gewinnen an Bedeutung. Zunehmend versucht der Staat jetzt, den Untertan im Namen des Vaterlandes und des „gemeinen Nutzens" in die Pflicht zu nehmen. Von einer großen Befreiung dürfte also gerade der vierte Stand wenig verspürt haben.

Soziale Schichtung auf dem Land

„Bauern“ und „Söldner“

Das Bevölkerungswachstum des 16. und 18. Jahrhunderts hatte die soziale Struktur der dörflichen Gesellschaft nicht unberührt gelassen. War Bayern tatsächlich ein Bauernland?
In der Mitte des 18. Jahrhunderts, gegen Ende einer 300jährigen Entwicklung, gab es in den Dörfern ganz Kleine und ganz Große, eine Handvoll eigentlicher Bauern mit Rössern, Pflügen und Wagen und eine beträchtliche Anzahl von Nicht-Bauern, deren Häuser zwischen den großen Höfen oder wie ein Kranz um den alten Ortskern lagen. Hier lebten Handwerker, Händler, Hirten und Taglöhner – oder, wie um 1800 aufgeklärte Betrachter polemisch behaupteten: ein Volk von Bettlern. Die bayerischen Dörfer dieser Jahre waren keine behäbigen Ansammlungen mittelständischer Bauern, sie waren längst keine rein agrarischen Siedlungen mehr. Man konnte das schon am Ortsbild sehen, an den zahlreichen Sölden, Leer- und Tropfhäusln, Anwesen ohne nennenswerten Grund, von denen lediglich die besseren einen Stall für ein oder zwei Kühe besaßen und nur wenige Arrivierte einer Art Kleinbauern glichen. Die „Leute auf dem Gäu oder Land“, die von Außenstehenden gern „Bauern“ genannt wurden, wenn es um die Bezeichnung ihres Standes ging, bildeten in Wirklichkeit eine vielfach gegliederte Gesellschaft, in der die

Beileibe nicht alle Dorfbewohner waren „Bauern“; viele Kleinhäusler verfügten nicht über einen einzigen Streifen Ackerlandes *(Pflügender Bauer, Albrecht Adam, 1820, Öl/Lwd., Regensburg, Fürst von Thurn und Taxis Kunstsammlungen, 30).*

Als richtiger Bauer galt nur, wer über Zugvieh – in Bayern vor allem Pferde – und die nötigen Geräte zur Bewirtschaftung eines Hofes verfügte. Die Ärmeren mußten sich beides von den Bauern leihen. Die Abbildung zeigt verschiedene bäuerliche Gerätschaften sowie Pflug, Egge, Leiterwagen *(aus: Franciscus Philippus Florinus, Oeconomus prudens et legalis: Oder allgemeiner Klug- und Rechtsverständiger Haus-Vatter ..., Nürnberg u.a. 1702, S. 554; München, Bayer. Staatsbliothek, 2° Oecon. 46(1).*

eigentlichen Bauern eine Minderheit darstellten. Als Bauer im Vollsinn des Wortes galt auch damals nur, wer einen Hof einschließlich der nötigen Betriebsmittel besaß, der groß genug war, um Überschüsse auf dem Markt verkaufen oder wenigstens eine Familie ernähren zu können. Eine Sölde dagegen eignete sich normalerweise bestenfalls für einen agrarischen Zu- oder Nebenerwerb – wobei, wenn man von Nebenerwerb spricht, zu klären wäre, was der Haupterwerb der Söldeninhaber gewesen sein soll. Auf jeden Fall zählten in vielen Gegenden Bayerns um 1760 nur zwischen 30 und 40 Prozent aller ländlichen Anwesen zu den „Bauern", der Rest waren „Sölden".
Diese „Sölden" oder „Söldner" – wie ihre Inhaber, die nichts mit Kriegsknechten zu tun hatten, bezeichnet wurden – waren keine neue Erschei-

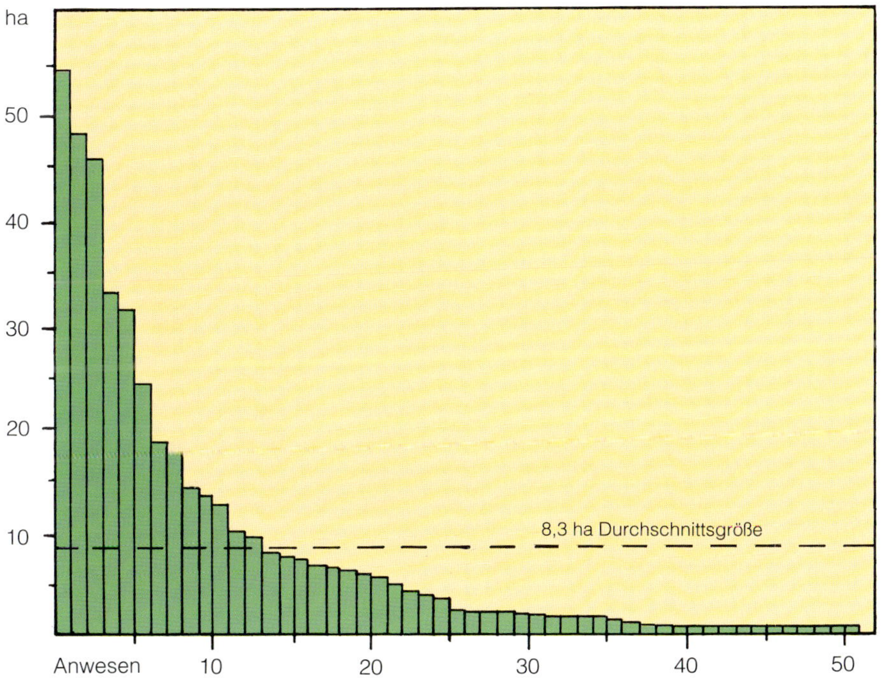

Ein Beispiel für die Ungleichverteilung des Bodens in den bayerischen Dörfern des 18. Jahrhunderts bietet Unterfinning im Landkreis Landsberg 1721. Erst ab einer Grenze von fünf bis zehn Hektar konnte hier eine Familie von ihren landwirtschaftlichen Erträgen leben. 30 der 51 Anwesen des Dorfes lagen unterhalb dieser Schwelle. Während die acht größten Bauern zwei Drittel des Bodens besaßen, verfügte die Hälfte aller Anwesensbesitzer – jene, die am unteren Ende der Skala rangierten – über gerade fünf Prozent allen Landes *(Verteilung des Grundbesitzes, in Hektar, unter den Bewohnern eines oberbayerischen Dorfes 1721, Entwurf: Rainer Beck, Unterfinning).*

Im späten 16. Jahrhundert – die Bevölkerung wuchs – nahm der Fleischverzehr ab; die Menschen ernährten sich überwiegend von Getreide *(Wirkteppich aus der Folge: Die Monate – „September“, Hans van der Briest nach Peter Candid, 1613, Residenz München, Res.Mü. W-26, Foto: Bayerische Verwaltung der Staatlichen Schlösser, Gärten und Seen).*

nung. Über Jahrhunderte begegnet man ihnen in Registern und Gesetzestexten. Nur war zu Beginn der Neuzeit das Zahlenverhältnis zwischen Bauern und Söldnern ein anderes gewesen. Nehmen wir wieder die Region Dachau als Beispiel: Anno 1500 gab es hier 1253 Bauern und 1226 Söldner, ein Verhältnis von 1:1; 1760 waren es 1254 Bauern und 2148 Söldner, ein Verhältnis, das sich auf 1:2 zubewegt. Vor allem die Vermehrung der Sölden verursachte das Wachstum der ländlichen Siedlungen, und zwar, wie nicht anders zu erwarten, schon im 16. Jahrhundert. Noch einmal Unterfinning: Dort nahmen sie von 1552 bis 1612 von 22 auf 41 zu, während gleichzeitig die Zahl der Höfe von zwölf auf neun zurückging – 1,8 Söldner auf einen Bauern 1552, 4,6 dagegen zwei Generationen später. Neue Hofstätten waren gegründet, aber auch alte geteilt worden – eine Realteilung übrigens, die erst Anfang des 17. Jahrhundert aufhörte und für die kommenden 200 Jahre einer ungeteilten Übergabe Platz machte.

Das unausgeglichene Wachstum der Dörfer bereitete schon damals Probleme. Denn sobald man die Wälder, die als Brenn-, Bau- und Werkholzreservoire dienten, nicht mehr weiter zurückdrängen durfte, verschob sich das Verhältnis zwischen urbarem Boden und der Zahl der zu ernährenden Menschen zuungunsten letzterer. Anfangs ließ sich die Verknappung der Nahrung durch eine Ausweitung des Getreidebaus auf Kosten der Viehhaltung verlangsamen. In weiten Teilen Europas nahm der Fleischverzehr ab, wurde die Getreidenahrung zum Standard, denn um die gleiche Kalorienmenge zu erzeugen, braucht Getreide ungleich weniger Fläche als Vieh. Doch spätestens an der Wende vom 16. zum 17. Jahrhundert scheint der Nahrungsspielraum knapp geworden zu sein, und zwar vorrangig für die vielen Sölden bzw. die Inwohner, die der Dachauer Pfleger eine wahre Landplage nannte. Durch Heirats- und Ansiedlungsverbote für „unvermögliche“ Leute und durch eine Erschwernis der immer wieder praktizierten Gutsaufteilungen suchte die Obrigkeit nun eine weitere Zunahme der Sölden zu verhindern. Krieg und Pest machten ihre Bemühungen bald überflüssig. Jetzt fehlte es an Menschen – vermöglichen wie unvermöglichen. Doch spätestens im 18. Jahrhundert waren die Sölden wieder besetzt, ja in manchen Gegenden stieg ihre

◁ Frühzeitig wurden Kinder an selbständige Arbeiten gewöhnt, und frühzeitig verließen viele von ihnen das Haus, um sich als Dienstbub oder -magd zu verdingen *(Hirten-Knaben aus Fürstenfeld-Bruck, Lorenzo Quaglio, 1815, Lithographie, München, Staatliche Graphische Sammlung, 196044).*

Die Magd Magdalena Pichelmayrin oder „so genante Henner-Lena", wie es auf der Bildinschrift heißt, diente 63 Jahre lang auf einem Gut der Grafen von Toerring. Sie gehörte zu jenen unverheirateten Frauen, die ihr ganzes Leben in abhängiger Stellung als Magd zubrachten *(anonym, um 1758, Öl/Lwd., München, Hans Veit Graf zu Toerring-Jettenbach, 360, Foto: Eva und Günter von Voithenberg, München).*

Zahl. Was waren und wovon lebten, wenn der Boden schon nicht reichte, diese Söldner? Sehen wir uns den sozialen Aufbau der ländlichen Gesellschaft etwas näher an.

Dienstboten und Taglöhner

Die eigentlichen Bauern waren zu einer Minderheit geworden. Nichtsdestoweniger gehörte ihnen draußen in der Flur die Mehrzahl aller Äcker und Wiesen. Diese Bauern, vor allem die Vollbauern, die unter Umständen 40, 50 und mehr Hektar Land besaßen, hatten immer Bedarf an landwirtschaftlichen Hilfskräften, um ihre Höfe bewirtschaften zu können. Ob in Küche und Stall, im Holz oder auf Feldern und Wiesen: auf jedem Hof gab es einen gewissen Grundumsatz an täglicher Arbeit, der, wenn die familieneigenen Kräfte nicht reichten, durch die Anstellung von Knechten und Mägden, von Dienstboten, bewältigt wurde. Dieses unverheiratete Gesinde wird häufig mit einem eigenen Berufsstand, einer sozialen Klasse verwechselt. Tatsächlich gab es die Magd oder den Knecht auf Lebenszeit, aber das war eher eine Erscheinung des späten 19. und frühen 20. Jahrhunderts. Vor der Industrialisierung war der Dienst in den meisten Fällen zeitlich begrenzt. Wer mit 12, 13 oder 14 Jahren zu Hause nicht gebraucht wurde, der verließ das Elternhaus, um sich auf einem Bauern- oder Gutshof zu verdingen. Natürlich waren unter diesen Knechten und Mägden die Abkömmlinge ärmerer Familien, die durch das Fortgehen der Jugendlichen von Essern entlastet wurden, überrepräsentiert. Vielleicht schimpften auch deshalb die Bauern öfter über angeblich überzogene Löhne. Die Obrigkeit bedachte das Gesinde, das von ihr gern der „Liederlichkeit" bezichtigt und mit rigorosen, fast ausschließlich den Interessen der Arbeitgeber verpflichteten Dienstbotenordnungen gegängelt wurde, ohnehin mit wenig Freundlichkeit. Auf jeden Fall dauerte das Dienstbotendasein meist bis zur Heirat, also (im 18. Jahrhundert) bis zum Alter von 25, 30 oder mehr Jahren.
Mitarbeiter, Mitesser und Mitbewohner in einem anderen Haus, einer anderen Familie, waren diese jungen Leute der Gewalt des jeweiligen

„Hausvaters“ und der „Hausmutter“ unterstellt, wobei deren Autorität abnahm, je älter die Dienstboten wurden und je höher sie in der Hierarchie des Gesindes stiegen. Der Dienst – Zeit, sich zu versorgen, Geld anzusparen und nach einem Heiratspartner Ausschau zu halten – war eine Phase im Leben ländlicher Jugendlicher, was nicht ausschloß, daß sich in manchen Fällen oder in besonders schwierigen Zeiten diese Phase, die immer auch den Ledigen-Stand bedeutete, in die Länge zog, womöglich ein Leben lang währte.

Anders war das bei den Taglöhnern, von denen viele ihre Jugend als Dienstboten zugebracht hatten. Die Taglöhner waren verheiratet. Meist saßen sie mit ihrer Familie auf einem „Häusl“, manche fanden – um 1600 mögen es mehr gewesen sein – als „Inwohner“ ein Unterkommen. Während die Dienstboten, die unter fremdem Dach lebten, eine arbeitswirtschaftlich notwendige Erweiterung der Familie darstellten, war der verheiratete Taglöhner selbst Vorstand einer Familie, eines Haushaltes – insofern etabliert und in der Regel, wenn er nicht gerade Inwohner war, wohl auch stimmberechtigtes Mitglied der Gemeinde. Man sollte sich allerdings davor hüten, das Taglöhnerdasein mit einem Beruf im modernen Wortsinn zu verwechseln.

Zunächst waren diese Taglöhner und Taglöhnerinnen Söldner oder Leerhäusler, die sich von anderen ihresgleichen nur dadurch unterschieden, daß sie öfter oder auch regelmäßig bei Bauern einer Lohnarbeit nachgingen. Bekanntlich verteilt sich die Bauernarbeit nicht gleichmäßig über das Jahr. Spitzenarbeitszeiten waren die Ernte und, vor der Mechanisierung, die Dreschzeit. Für diese Arbeiten reichten auf einem großen Hof die Dienstboten nicht aus, so daß man Leute brauchte, die mithalfen: entweder Kleinstbauern, bessere Söldner, denen man den Acker gepflügt oder einen Wagen geliehen hatte und die dafür ihre Arbeitskraft zur Verfügung stellten, oder eben Lohnarbeiter, Tagwerker und Tagwerkerinnen, die man einige Wochen zwischen Juni und September und vielleicht noch einmal im Winter beim Dreschen einsetzte. Genau das war aber auch das Problem des Taglohns: Die Arbeit nährte einen nur ein paar Monate des Jahres. Die übrige Zeit mußte man sehen, wie man durchkam, wobei der Besitz einer Sölde und einer oder zweier Kühe, die man auf die Gemeindeweide treiben durfte, einen gewissen Rückhalt bedeuteten. Dennoch: eine prekäre Existenz, vor allem dann, wenn es zu viele Bewerber um die Taglohnarbeit gab.

Die Rechnung: hier die Bauern, dort die Kleinhäusler, die als Taglöhner Arbeit und Brot finden, ging also keineswegs immer auf. Wer ausreichend Grund und Boden besaß, konnte sich auf jeden Fall ernähren; wer dagegen nur über seine Arbeitskraft verfügte, der hatte noch längst nicht ausgesorgt – daher auch die Bedeutung, die dem Boden als einem Stück Sicherheit zukam. Freilich gab es außer dem Boden und dem Taglohn noch weitere Einkommensquellen.

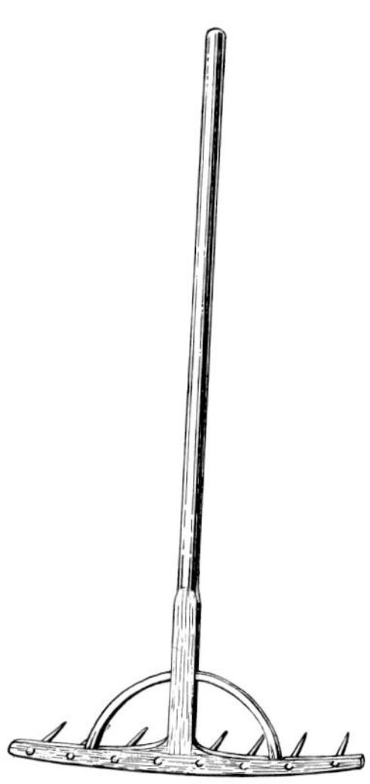

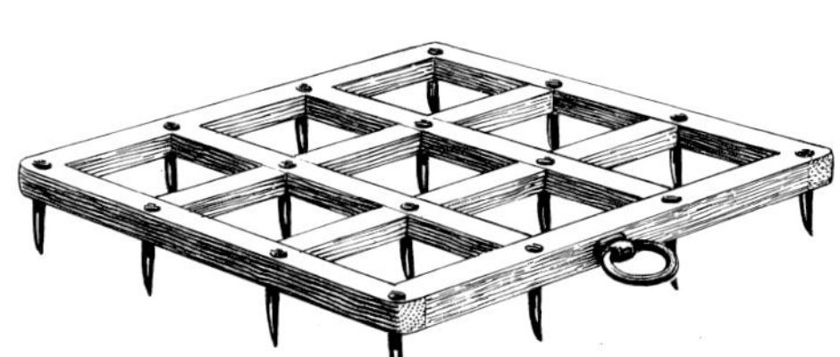

Bei der Heuernte drängte immer die Zeit, und jeder größere Bauer war in diesen Wochen auf die Mitarbeit von Taglöhnern angewiesen *(Heumahd, Max Joseph Wagenbauer, 1824, Öl/Papier auf Pappe, München, Städtische Galerie im Lenbachhaus, G 1046).*

Handwerker und Händler

Als 1771 die ersten bayerischen Volks- und Berufszählungen stattfanden, zeigte sich, welche Vielzahl von Branchen und welch beachtliche Zahl von Gewerbeleuten es in den Dörfern gab: Weber, Schuster, Zimmerleute, Schneider, Schmiede, Müller und Maurer, Bäcker, Metzger, Brauer, Schäffler, Wagner usf. Auf je 100 Landbewohner Ober- und Niederbayerns kamen vier Meister und Gesellen; in rund einem Fünftel aller ländlichen Haushalte dürfte damit ein Handwerk betrieben worden sein. Zudem hatten, nach Auffassung der Zeitgenossen, auch die Händler überhandgenommen. Beides ist in zweierlei Hinsicht bemerkenswert. Nicht nur, daß sich das „agrarische" Bayern plötzlich erstaunlich „unbäuerlich" gibt; das Dorfgewerbe stellte auch eine eklatante Schwäche der Städte und Märkte unter Beweis. Denn war es nicht die Bürgerschaft, die das „Gäu" gewerblich und kommerziell gern von sich abhängig gesehen hätte?

So wie die Bauern in der Erntesaison, zum Teil das ganze Jahr über, ihre landwirtschaftlichen Hilfskräfte brauchten, so waren sie auch auf die schnelle Hilfe bestimmter Handwerksleute angewiesen. Ein Schmied z.B. mußte möglichst Tag und Nacht für Pferde, Pflug und Wagen bei der Hand sein. Schnell war während der Arbeit ein Eisen gebrochen, hatte ein Tier sich verletzt – und der Hufschmied war auch zuständig für das Kurieren der Rösser. Günstig war es auch, nicht allzu weit zum nächsten Wagner oder zur nächsten Mühle zu haben. Dann gab es im

Nr. XX: Des Schusters Andreas Plaimer Häusl.

Nr. V: Das Haus des Baders.

Nr. VI: Das Böckhen- (= Bäcker) Haus.

Nr. VII: Wolfgang Frosch: Kramer und Weber.

Selbst in einem kleinen Dorf begegnet man den meist äußerst bescheidenen Häusern von Handwerkern und Gewerbetreibenden *(Ansichten aus dem Hausbuch der Pfarrei Martinsbuch, Franz Xaver Prechtl, Martinsbuch 1793, Regensburg, Bischöfliches Zentralarchiv, Pfarrmatrikel Martinsbuch Nr. 39).*

16. Jahrhundert noch den „Bader" auf den Dörfern. Er war Wundarzt, stutzte Haare und Bärte und bereitete Bauern und Dienstboten einmal in der Woche das Bad. Die Liste der Handwerker ließe sich fortsetzen. Auch wenn die Leute auf dem Land eine Vielzahl von Rohstoffen und Materialien ihrem eigenen Betrieb entnahmen und vieles davon selbst be- oder verarbeiteten – als Landwirte wie als Konsumenten hatten sie doch stets auch Bedarf nach einer Palette von Gütern und Leistungen aus Handel und Gewerbe: Salz für das Vieh, Eisen zum Beschlagen der Geräte, Borten, Tuche oder Gürtelschnallen für die Kleidung; sie brauch-

Nr. X: Die Sölde eines Zimmerers, dahinter ein Taglöhner-Häusl.

Nr. XIII: Das Wirtshaus.

ten den Leinweber für ihre Garne, den Sattler für das Pferdezeug, brauchten Metzger, Schuster, Schneider usf. Um ihren Bedarf zu befriedigen, mußten sie im 18. Jahrhundert nicht unbedingt in die Stadt. Landhändler und -kramer boten Öl und Tabak, Nägel, Stoffe und Borten an; Schuster, Schneider und Weber gab es noch im abgelegensten Dorf. Viele Söldner hatten sich darauf verlegt, statt im Tagwerk in Handel und Gewerbe ihr Auskommen zu suchen.

Die Städte allerdings führten Klage. Sie sahen sich in ihrem Erwerb beeinträchtigt. Es war eine alte Lieblingsidee der Bürger, ja der mittelalterlichen und frühneuzeitlichen Wirtschaftspolitik überhaupt, daß Bauer und Bäuerin dem Bürger Korn, Schmalz, Eier und gesponnenes Garn verkaufen und es der Stadt überlassen sollten, das Land dafür mit gewerblichen Produkten zu versorgen – „Arbeitsteilung" zwischen Stadt und Land, besser gesagt ein weitgehender Monopolanspruch der Städte auf dem gewerblichen Sektor.

Tatsächlich gab es, pro Kopf der Einwohnerschaft gerechnet, in den bayerischen Städten und Märkten des 18. Jahrhunderts noch immer erheblich mehr Meister und Gesellen als auf dem Land, zudem eine Reihe von Branchen, die man dort vergeblich suchte. Aber in bestimmten Bereichen spürten die Zunftbürger fraglos ihre ländlichen Konkurrenten. Für sie waren es schlechte Zeiten, wenn z.B. auf zehn städtische 50 Gäu-Schuster kamen. Das heißt: Indem es neue, nichtagrarische Erwerbsmöglichkeiten für sich auftat, entzog das Land tatsächlich den Städten und Märkten einen Teil ihrer Ernährungsgrundlage. Etliche der „Kleinen" auf dem Dorf, also der Söldner und Häusler, hatten es verstanden, sich auf diese Weise auch ohne Landbesitz ein gewisses Einkommen zu sichern.

Wirklich neu war diese Entwicklung indes nicht. Auch hier setzte sich fort, was im 16. Jahrhundert begonnen hatte. Schon damals gab es auf dem Land nicht mehr nur die Gastwirte, Müller, Schmiede und Bader, sondern Leinweber, Wollwirker und Loderer, Lederer, Sattler und Riemer, Bäcker, Metzger und andere „Handwerksleut" wie etwa die Störschuster und -schneider, die ihre Arbeiten auf Bestellung im Haus des Bauern

Markt in der Stadt Landshut
(Michael Wening, 1723, Reproduktion nach dem Original, München, Bayerisches Landesvermessungsamt).

durchführten. Und es gab nicht nur das klassische Handwerk, das nach Auftrag und für einen engen Kundenkreis arbeitete. Vielmehr zeichnete sich hier und da eine eher „exportorientierte" ländliche Warenproduktion ab, eine Hausindustrie, die sich von den Schranken einer begrenzten lokalen Nachfrage unabhängig machte: Von 1535 datiert die erste Handwerkerordnung der Berchtesgadener Drechsler, Löffel- und Spindelmacher, deren Holzarbeiten im 18. Jahrhundert auf den Messen von Frankfurt/M., Leipzig und Wien angeboten wurden; 1563 organisierten sich die Oberammergauer Holzschnitzer zu einer Korporation. Aus dem landsbergischen Hofstetten, unter dessen Bewohnern sich nur ein Bauer befand, während alle anderen Söldner waren, heißt es 1593: „man erhelt sich diser Ortten gmainklich alles nur vom Flechten und Schobhiett [Strohhüte] machen"; 200 Jahre später waren auch diese Strohwaren, die mittlerweile die ganze Umgebung fertigte, auf den mitteldeutschen Messen vertreten. Zwischen München und Landshut entwickelte sich – organisiert von städtischen Kaufleuten – die Lodenweberei zu einem zeitweise florierenden Exportgewerbe; den Lech entlang stellten Landweber Leinwand und vielleicht auch Barchent für augsburgische oder Landsberger Händler bzw. den italienischen Markt her. Etliche der kleinen Produzenten, die keine schweren Massengüter fertigten, trugen ihre Waren als Hausierer mit einer „Kraxe" auf dem Rücken über Land; besser gestellte Händler benutzten für ihre Besuche auf Kirchweih- und anderen Märkten das Fuhrwerk.
Selbst wenn es hier wohl nie zur Ausbildung ähnlich verdichteter Gewerbelandschaften gekommen war wie in Oberschwaben oder Flandern:

auch in Bayern hatte das Land im Zug des Bevölkerungswachstums und des zunehmenden Drucks auf Grund und Boden schon im 16. Jahrhundert eine deutliche Mobilisierung erlebt. Ende des 18. Jahrhunderts gehörte Bayern statistisch sogar zu den gewerbereichsten Landschaften Deutschlands. Nur kann man daraus nicht schon auf eine florierende Beschäftigung schließen. Ein Mann beispielsweise, der in einer Volkszählung als „Weber" firmierte, dürfte – ähnlich wie der sogenannte Taglöhner – bestenfalls ein Viertel- oder halbes Jahr beschäftigt gewesen sein. Er betrieb sein Handwerk als einen Erwerbszweig unter anderen. Ähnlich ging es den Bäckern, so manchem Schreiner oder Mühlenbesitzer – das Maurer- und Zimmermannshandwerk war ohnehin Saisongewerbe. Das heißt: Unter dem Gesichtspunkt der Ernährung, der Unabhängigkeit von Acker und Vieh, darf man die Bedeutung des Landhandwerks nicht überschätzen. Die Müller und die Wirte waren oft wohlhabend, gehörten zur dörflichen Oberschicht und hatten neben ihrem Gewerbebetrieb nicht selten einen ansehnlichen Landbesitz – sie waren Gewerbeleute und veritable Bauern zugleich. Die Schmiede waren selten reich, aber sie fanden ihr Auskommen. Dafür sorgte bis zum Anfang des 19. Jahrhunderts häufig die Dorfgemeinde selbst durch einen Vertrag, einen „Ehaftbrief", der neben einem kleinen Entgelt für die häufigsten Auftragsarbeiten bestimmte Naturalgaben (Brot, Getreide, Stroh usw.) festsetzte, die der Dorfschmied von den einzelnen Gemeindemitgliedern bekam. Auch die Bader waren oft „Ehaft-Bader" und erhielten ein festes Kontingent an Naturalleistungen. Die Gemeinde „hielt" sich bestimmte Handwerker, für deren bescheidenen Lebensunterhalt sie während der Vertragsdauer sorgte. Die

Zu den bekannteren Erzeugnissen ländlicher Warenproduktion gehörten die bemalten Schnitzarbeiten der Berchtesgadener. Die um 1810 entstandenen Empirefiguren stellen die vier Jahreszeiten dar *(Vier Figuren, um 1810, Holz, geschnitzt und bemalt, Nürnberg, Germanisches Nationalmuseum, HG 9567–70).*

Hausierer oder „Kraxenträger" besorgten den Absatz von vielerlei Waren. Der Murnauer Hans Zwinckh wurde auf seinem Weg von Straßenräubern überfallen *(Votivbild „Mirakelzyklus", Mitte 18. Jahrhundert, Pfarrkirche Murnau, Foto: Rainer Beck, Unterfinning).*

Mehrheit der ländlichen Gewerbetreibenden allerdings verfügte weder über Bauerngüter noch über vertraglich vereinbarte Unterhaltsleistungen, sondern mußte sehen, wie sie mit ihrer Sölde, ihrem Gewerbe, ihrer Handarbeit existieren konnte. Viele machten nicht nur der Stadt, sondern sich auch untereinander Konkurrenz – jedenfalls sind die Klagen, ein Handwerk sei überbesetzt, in diesem Jahrhundert nicht selten, was auf den Lohn, auf die „Nahrung" drückte.

Für die meisten landarmen Familien war nicht die Ausübung eines einzigen Berufs typisch, sondern, mit unterschiedlichen Schwerpunkten, die Kombination verschiedener Tätigkeiten und Erwerbszweige – bisweilen eine regelrechte „Ökonomie des Notbehelfs". Wer kein Land besaß, war in Krisenzeiten relativ schutzlos: Die Bauern sparten mit Aufträgen, die Preise stiegen. Und bei kinderreichen Familien reichten die Einkünfte schon in normalen Zeiten oft nicht aus. Es blieb diesen Männern und Frauen dann nichts anderes, als um Almosen zu bitten, die sie manchmal von der Gemeinde bekamen, oder, auch wenn das immer wieder verboten wurde, auf der Landstraße zu betteln. Die Kluft zwischen wohlhabend und arm war in vielen Dörfern beträchtlich.

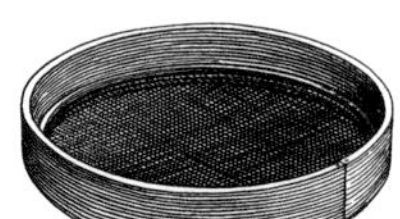

Subsistenzwirtschaft

Zur Geschichte von Gesellschaften gehört auch die Geschichte ihrer Mentalitäten. Als wir eingangs vom „Stand" der Bauern sprachen, da sprachen wir von der Einbindung dieser Bauern in eine feudale Ordnung. Aber die Bauern und Landleute, die im Rahmen ihrer Familie und der Gemeinde vergleichsweise eigenständig wirtschafteten, gehen in dieser äußerlichen Zuordung nicht auf. Was bestimmte ihr Leben und Arbeiten im Unterschied zu heute?

Im Kern waren diese Bauerngüter Familienbetriebe, und es ist eigentlich nicht ein „Gewinn", um den sie sich mühten, der im Vordergrund steht, sondern, sieht man von den Leistungen für Staat und Grundherren ab, die Erwirtschaftung und Sicherung dessen, was man zu einer angemessenen oder standesgemäßen Lebensführung brauchte. „Subsistenzwirtschaft" lautet der Begriff, mit dem man in der wissenschaftlichen Diskussion einige wesentliche Unterschiede zwischen moderner und traditioneller Wirtschaft bzw. Wirtschaftsgesinnung zu bezeichnen pflegt.

Der Ort, an dem die Bauern ihre Lebensbedürfnisse erwirtschafteten, war der eigene Hof. Da ihre Erzeugnisse zu einem guten Teil für den eigenen Verbrauch bestimmt waren, waren sie mehr am Nutzen und der praktischen Verwertbarkeit als an deren Geld- oder Tauschwert interessiert. Sie lebten unmittelbar von dem, was sie ernteten, und sie mußten weit mehr als heute um die Nachhaltigkeit ihrer Lebensgrundlagen besorgt sein, konnten ihre Erträge kaum steigern, ohne negative Rückkoppelungen auszulösen. Denn als Produzenten waren die Leute auf dem Land weitgehend auf sich gestellt. Nur ein Beispiel – die Düngewirtschaft: Es gab kaum Bodenverbesserer, die man von außerhalb des Dorfes hätte zukaufen können. Die Dorfleute verfügten über wenig bare Mittel, und was von außen kam, war in der Regel teuer, wegen der Gewinne, die andere machten, und wegen der hohen Transportkosten bei Gütern, die

Noch bis zum Ende des 19. Jahrhunderts wurden, um die Körnerverluste gering zu halten, die wichtigsten Speisegetreide mit der Sichel geschnitten *(Getreideernte in Egern am Tegernsee, Lorenzo Quaglio, 1822, Bleistift, München, Staatliche Graphische Sammlung, 22819).*

„Vor Pest, Hunger und Krieg bewahre uns, o Herr!" Die Lebensgrundlagen der eigenen Familie zu sichern, war das vorrangige Ziel allen bäuerlichen Wirtschaftens *(Bauernfamilie beim Tischgebet, Lorenzo Quaglio, 1820, Aquarell, München, Staatliche Graphische Sammlung, 1907:258).*

Die Kornpreise waren auf ein Vielfaches ihrer normalen Höhe gestiegen. Mehl, Brot, Getreide, aber auch viele andere Viktualien waren kaum mehr erschwinglich *(Viktualien-Preiße in dem Theuerungs-Jahre 1817, im Monat Januar, kolorierter Stich, Rosenheim, Heimatmuseum, Nr. 2012, Foto: T-Pressebild Stefan Trux, Rosenheim).*

Neben Nahrungsmitteln erzeugten viele Bauern Flachs, der von den Frauen für den Hausbedarf oder zum Marktverkauf zu leinenem Garn weiterverarbeitet wurde *(Bäuerin beim Flachshecheln, Georg von Dillis, um 1800, Münchner Stadtarchiv, Historischer Verein von Oberbayern).*

über längere Entfernungen herangeschafft werden mußten. Also hatte man nur das, was man selbst erzeugte. Anders als Gewerbe und Industrie und anders auch als eine „industrialisierte" Landwirtschaft, waren die Bauern von dem abhängig, was ihnen ihre Arbeit in Verbindung mit den Wachstumskräften und dem Stoffwechsel der Natur Jahr für Jahr bescherte.

So mußten sie versuchen, die Risiken, die mit ihrer naturabhängigen Produktion verbunden waren, gering zu halten, vor allem, da die wenigsten von ihnen über Futter- und Nahrungsreserven verfügten, die es gestattet hätten, größere Ertragsausfälle zu überbrücken. Bei Getreide zum Beispiel, das ungemein empfindlich auf klimatische Schwankungen reagiert, begünstigte ein gemischter Anbau (Poly-, statt Monokultur) die Sicherung gewisser Minimalerträge. Es war üblich, wenigstens viererlei Sorten zu bauen: Weizen oder Dinkel, Roggen, Gerste und Hafer. Es gab Jahre, da geriet das Sommer-, in anderen das Wintergetreide besser, oder der Winterroggen fiel gut, der Winterweizen dagegen schlecht aus. So war es ratsam, sich nicht auf eine Art zu verlassen, auch wenn die durchschnittlich erzielten Erträge auf diese Weise vielleicht unter dem Erreichbaren blieben. Denn ein Ernteausfall bedeutete zwar nicht zwingend, daß nirgendwo mehr Korn zu bekommen war, aber dieses Korn war teuer, womöglich unbezahlbar für den einfachen Mann. Hunger, Mangelernährung, kein Saatgut für das kommende Jahr waren die Folgen. Große Mißernten zogen bis 1771/72, ja zum Teil bis in die Mitte des 19. Jahrhunderts all diese Erscheinungen nach sich.

Die relative Vielfalt der bäuerlichen Wirtschaft hatte allerdings nicht nur mit dem Kleinhalten von Risiken zu tun. Sie entsprang ebenso den Er-

Neben dem Tanzen, Theateraufführungen, Kirchweihbesuchen oder dem Kugelspiel gehörte das Scheibenschießen zu den Vergnügungen der Landleute *(Scheibenschießen zu Bayerischzell, Lorenzo Quaglio, 1853, Aquarell und Deckfarben über Bleistift, München, Staatl. Graphische Sammlung, 1356).*

fordernissen des damaligen Landbaus wie dem vielfältigen Bedarf eines traditionellen Haushalts. Und sie äußerte sich in einer verblüffend virtuosen Ausschöpfung von Nutzungsmöglichkeiten, wo immer sich solche boten.

Wo Getreide angebaut wurde, brauchte man allein schon des Düngers wegen ausreichend Vieh. Man brauchte Pferde als Arbeitstiere, hielt Kühe als Fleisch-, Fett- und Düngerlieferanten, außerdem Schweine, Schafe, Ziegen, Gänse, Hühner. Durch die Mischung der Bestände konnte man die Viehhaltung den lokalen Futter- und Weideverhältnissen sehr gut anpassen. Zudem boten die verschiedenen Tierarten unterschiedlichen Nutzen: Außer daß man sie gut auf dem Markt verkaufen konnte, erhielt man von Gänsen Bettfedern; Schafe lieferten Wolle und Fleisch, aber auch Häute für Lederhosen; Schweine, neben Getreide einer der bedeutenderen landwirtschaftlichen Exportartikel Bayerns, boten den Vorteil hoher Fruchtbarkeit; den nachhaltigsten Nutzen, gerade auch für viele der landarmen Familien, brachte die Kuh: Sie versorgte mit Milch, mit dem unentbehrlichen und ziemlich teuren Butterschmalz und mit Topfen (Quark); sie lieferte Kälber, ließ sich, wenn sie „ausgemustert" werden mußte, verzehren, und obendrein war da noch ihre Haut, die man zu Schuhwerk oder Riemen verarbeiten lassen konnte.

Dieselbe vielfältige Nutzung läßt sich innerhalb des gesamten bäuerlichen Produktionsprozesses beobachten. Die Getreideäcker etwa, auf denen im Sommer das Korn stand, dienten nach der Ernte als Weide. Das Korn war Speise, vom Stroh nahm man das grobe als Einstreu, das feinere wurde gehäckselt und nährte – wie auch die Dreschabfälle und die Mahlabfälle des Müllers – das Vieh. Ein Teil des Strohs wurde verwendet, um Bänder zum Bündeln der Erntegarben zu flechten, das Pferdegeschirr zu polstern oder Matratzen („Strohsäcke") zu füllen und Taschen oder Hüte für den Verkauf zu fertigen. In dieser Welt ging so gut wie nichts unter. Es gab fast keinen Abfall, was mit der Knappheit und einem im Vergleich zur Arbeit eher hohen Wert der Dinge zu tun hatte.

Und doch hielt sich der Aufwand, den man für diese materiellen Güter betrieb, trotz aller Schwerstarbeit, in Grenzen. Ohne daß man sie deshalb gänzlich statisch nennen müßte, war die vormoderne ländliche Gesellschaft kaum auf Wachstum geeicht – aus einer Vielzahl von Gründen. Tatsächlich waren, und zwar gerade im späteren 17. und 18. Jahrhundert, die Bewegungsmöglichkeiten der Bauern relativ gering: Wie sie ihr Land bestellten, lag durch grundherrliche, durch Zehent- und gemeindliche Rechte weitgehend fest; auch an der Größe ihrer Güter konnten sie oft wenig ändern. Zudem war der bäuerliche Untertan in der Sicht des Staates und der Grundherren eigentlich nicht dazu da, große Überschüsse zu machen: Man gestand ihm ein Auskommen zu, schöpfte ansonsten durch Stift, Gilt, Besitzwechselgebühren oder neue Steuern immer wieder ab, was man ihm nehmen zu können glaubte. Eine Gewinnorientierung war unter solchen Umständen nicht leicht zu entwickeln, weil man sich fragen mußte, ob einem diese Gewinne auch selbst zugute kämen.

Aber es ging gar nicht nur um Erfolgsaussichten oder mangelnde Handlungsmöglichkeiten. Denn in bestimmten Konventionen, die keinem raschen Wandel unterlagen, waren auch die materiellen Bedürfnisse verankert bzw. die Vorstellungen von einem angemessenen Leben, das materiellen wie immateriellen Bedürfnissen gleichermaßen Rechnung trug. Von einer Ideologie der Arbeit als Erfüllung dürfte damals noch wenig zu spüren gewesen sein. Sicher, zu arbeiten war Pflicht, war Notwendigkeit, um sein Auskommen, seine „Subsistenz" zu sichern. Doch es gab kaum einen Grund, das notwendige Maß zu überschreiten: Muße und geselliges Leben beanspruchten ihre Rechte und begrenzten die Zeit, die man der Arbeit einzuräumen bereit war.

So ist es kein Zufall, daß gegen Ende des 18. Jahrhunderts Kritik an der Zeitverschwendung und dem Müßiggang des Landvolks einsetzte, das sich nach dem Geschmack von Aufklärern und Modernisierern viel zu viel auf Prozessionen, Kirchweihfesten und in Dorfwirtschaften herumtrieb, statt seine ganze Kraft auf die Beförderung des allgemeinen Nutzens und Wohlstandes zu konzentrieren. Eine Welle der Abschaffung von Feiertagen und kirchlichen Gebräuchen setzte ein, um den traditionellen Regelkreis von Arbeit und Muße zu sprengen, um die Mobilisierung des „Fleißes" zu befördern und so das Dorf endlich auf den Weg in die Moderne zu bringen.

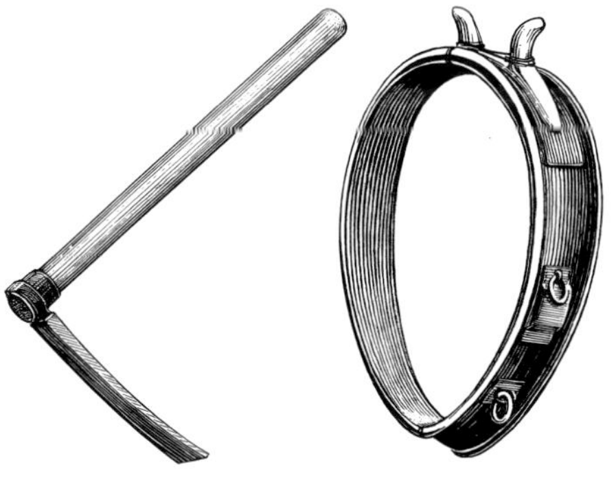

Der Aufbruch in die Moderne

Einer der konsequentesten Wandlungsprozesse im Lauf der frühen Neuzeit war das Erstarken der landesherrlichen Zentralgewalt bzw. das Aufkommen des vormodernen Staates. Dieser Staat kannte noch keinen direkten Zugriff auf sämtliche seiner Untertanen, da die öffentliche Gewalt aufgrund der ständisch-feudalen Strukturen zersplittert blieb. Auch wenn sie sich mit Beschwerden an ihren Landesherrn wenden konnten: Für viele Bauern war es zunächst der Hofmarksherr, der ihnen als eigenberechtigter Inhaber öffentlicher Hoheitsrechte entgegentrat. Und doch wurde der Staat immer spürbarer, zog immer mehr Aufgaben an sich und verlangte seinen Untertanen mehr und mehr Leistungen ab.

Bürokratie, aufwendige Hofhaltung, Kriegs- und Militäraufwendungen verschlangen beachtliche Summen, so daß sich die landesherrliche Finanzverwaltung ständig in Geldnöten und auf der Suche nach neuen Einkommensquellen befand. Die Fiskalpolitik wurde zu einem der wichtigsten Zweige der Staatsverwaltung. Da Bayern trotz aller merkantilistischen Gewerbeförderung primär Agrarland blieb, lag es nahe, einen Gutteil der stetig steigenden Staatsausgaben auf das Landvolk und die Landwirtschaft abzuwälzen. Seit den 1660er Jahren und dann unter Max Emanuel (1679–1726) wurden die Bauern mit Scharwerksgeldern, Landsteuern und Hofanlagen finanziell immer härter in die Pflicht genommen – ein Verfahren, das angesichts einer eher statischen agrarischen Erzeugung notgedrungen an seine Grenzen stoßen mußte. So begann man Mitte des 18. Jahrhunderts verstärkt über eine Steigerung der landwirtschaftlichen Produktion nachzudenken, um die finanzielle und damit auch die Machtbasis des Staates zu stärken.

Ein erfolgversprechendes Modernisierungsmodell, das man in absolutistischer Manier einfach auf das eigene Land übertragen zu können glaubte, schienen wirtschaftliche Pionierländer wie England oder die Nieder-

◁ Aufwendige Bauten wie die Schlösser von Schleißheim und Nymphenburg repräsentierten den Machtanspruch und Gestaltungswillen des Landesherrn. Sie waren die Kultstätten des neuen fürstlichen Absolutismus *(„Das Neue Schloß Schleißheim von der Gartenseite", Franz Joachim Bleich, frühes 18. Jahrhundert, Schloß Nymphenburg, Südliche Galerie, Foto: München, Bayerische Verwaltung der Staatlichen Schlösser, Gärten und Seen).*

Ein Ereignis, das sich in ganz Europa herumsprach: Eigenhändig pflügte Kaiser Joseph II. bei Slawikowicz auf dem Feld des Bauern Andreas Truka, Knecht Johann Kadosch führte die Zügel *(Lithographie, 1796, Wien, Österreichische Nationalbibliothek, Bildarchiv, 81.421/ABR).*

Fleißig, ernst und gesittet, so wünschten sich die Aufklärer das Landvolk – und so stellte es Johann Michael Mettenleitner in diesem Titelkupfer der „Legende für den gemeinen Mann“ 1788 auch dar *(Erntedankfest im Freien, Johann Michael Mettenleiter, 1788, Kupferstich, München, Staatliche Graphische Sammlung, 66354).*

lande anzubieten, in denen sich eine weit „fortschrittlichere“ Landwirtschaft entwickelt hatte. Die Agrarreform begann. 1762 erließ der bayerische Kurfürst die ersten Landeskulturmandate, die die Abschaffung der Brache, die Kultivierung des Weidelandes sowie die Einführung der ganzjährigen Stallfütterung anordneten, um das Herdenvieh aus der Flur zu verbannen, wo es nach Überzeugung der Reformer nur Schaden anrichtete. Der Staat begann, ein Novum, sich in die bäuerliche Produktion einzumischen. Es ging ihm dabei nicht um eine Befreiung der Bauern oder eine Umwälzung der ständischen Ordnung, sondern um die Intensivierung der agrarischen Produktion. Da die Umsetzung dieses Vorhabens – von allen anderen Schwierigkeiten abgesehen – den Bauern eine erhebliche Steigerung des Arbeitseinsatzes abverlangte, gehörten die Propagierung des „Fleißes“ und die Reduzierung der Feiertage ebenso zu diesem umfassenden Modernisierungsprogramm wie die eher technisch wirkende Erörterung der Vor- und Nachteile der Stallfütterung oder dieser und jener Fruchtfolge.

Selbstverständlich zeigten die Landeskulturgesetze nicht den erwünschten sofortigen Erfolg. Sie markierten den Beginn eines Umbruchs, der die kommenden Generationen beschäftigen sollte. Von Anbeginn hatten die

Der
verständige Bauer
Simon Strüf
Eine Familien-Geschichte.
Allen Ständen zum Nuzen und Interesse;
besonders aber
Jedem Bauer und Landwirthe
in den Jahren zunehmender Theuerung
ein
Lehr- und Exempel-Buch
von
Johann Evangelist Fürst,
k. b. Hall-Oberbeamten in Straubing.
Zweiter Theil.
Straubing, mit F. S. Lerno'schen Schriften 1817.

Der
baierische und pfälzische
Landmann
in der
verbesserenden
Landwirthschaft.
Enthält,
Nüzliche Vorschläge, angestellte Versuche, und Erfahrungen in dem Acker- und Wiesenbau, der Viehzucht, der Baumpflanzung, dem Forstwesen und der Dorfpolicey.
Erste Sammlung.
Herausgegeben von der patriotischen Gesellschaft der sittlichen und landwirthschaftlichen Wissenschaften zu Altenöting.
München gedruckt 1769.

Immer mehr Publikationen widmeten sich seit der Mitte des 18. Jahrhunderts der Verbesserung der Landwirtschaft *(Titelkupfer aus: Johann Ev. Fürst: Der verständige Bauer Simon Strüf. Eine Familiengeschichte, Straubing 1817, Straubing, Historischer Verein, Foto: Bernhard, Straubing sowie Titelkupfer aus: Der baierische und pfälzische Landmann in der verbessernden Landwirtschaft, München 1769, München, Bayerische Staatsbibliothek).*

agrarreformerischen Versuche mit der Schwierigkeit zu kämpfen, daß die traditionelle bäuerliche Produktionsweise zugleich Ausdruck und Ergebnis gesellschaftlicher Ordnung und eben keine nur technische oder betriebswirtschaftliche Angelegenheit war. Sehr bald mischten sich kritische Stimmen in eine mehr und mehr öffentlich geführte Debatte, die nun doch – im Interesse des Staates und der allgemeinen Wohlfahrt – die Befreiung des Landmanns von bestimmten feudalen Bindungen und Lasten oder den Zehntansprüchen der Kirche als Voraussetzung für erfolgreiche Reformen ansahen. Neben der Bildung und Unterweisung des Landvolks (seiner „sittlichen Verbesserung") war die Herstellung wenn schon nicht der „Freiheit des Eigentums" so doch wenigstens einer „Freiheit der Kultur" Voraussetzung, um überhaupt etwas an den eingefahrenen Verhältnissen ändern zu können. Dieser neu propagierten Freiheit standen nicht nur grundherrliche Bindungen oder Rechte der Kirche, sondern auch die herkömmliche Landgemeinde mit ihrer Allmende, ihrem Flurzwang und ihren Weiderechten entgegen. So setzten die staatlichen Reformer, lange bevor sie das grundherrliche Obereigentum in Frage stellten und einen Konflikt mit dem Adel riskierten, zunächst zum Angriff auf die Gewohnheiten und Rechte der Landgemeinden an, um die Aufteilung der Allmende durchzudrücken und den „wilden Hirtenstab", die Weiderechte der Gemeinden, zu brechen.
Die Gemeinde wurde seit den ersten Kulturmandaten zum Schauplatz heftiger sozialer Konflikte. Viele Bauern waren nicht unbedingt Freunde

der obrigkeitlich verordneten „Kultur“ und ließen ihre Herden niedertrampeln, was einzelne Eifrige gesät hatten, rissen neue Zäune ein, die dem Vieh den Weg versperren sollten, weigerten sich, die Allmende zu teilen. Doch mit recht rigorosen Eingriffen wurde zwischen 1795 und 1808 die Auflösung einer großen Zahl von „Gemeinheiten“ durchgesetzt, wurden „Kulturfrevler“ zur Raison gebracht, bahnte man einem neuen Individualismus gegen die herkömmlichen Rechte des Dorfes den Weg. Und so begannen modernere Zeiten auf dem Dorf schon ein halbes Jahrhundert vor der Erfindung des Kunstdüngers, der Ablösung des grundherrlichen Obereigentums oder der Mechanisierung der Landwirtschaft anzubrechen.

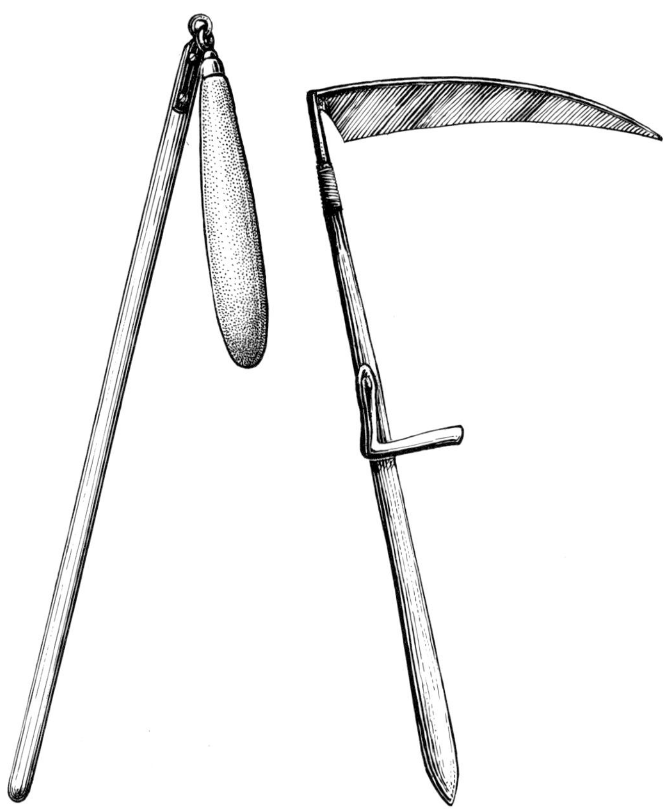

Glossar

Allmende
In Bayern auch Gemeinheit genannt, Land das sich im Besitz/Eigentum der Gemeinde befindet und von deren Mitgliedern gemeinschaftlich genutzt wird. Meist handelte es sich um Wälder und/oder Weideland.

Beständer
Jemand, der ein Anwesen bewirtschaftet, an dem er keine Eigentumsrechte hat, und der von Jahr zu Jahr von diesem Gut gewiesen werden kann.

Besthaupt
→ Leibeigenschaft.

Blutzehnt
Zehntabgabe an die Kirche, hier in Form des zehnten Teils des lebenden Viehs.

Eigenleute
→ Leibeigenschaft.

Erbrechtler
Bäuerlicher → Grundholde, der als Miteigentümer seines Anwesens berechtigt ist, dieses zu vererben.

Frondienste
In Bayern meist Scharwerk genannt, Hand- und Gespannarbeiten (Pflügen, Gütertransport usw.), die unentgeltlich oder gegen geringe Vergütung dem → Gerichtsherrn bzw. dem → Grund- oder Landesherrn geleistet werden müssen.

Fruchtzehnt
Zehntabgabe an die Kirche, hier in Form des zehnten Teils der Feldfrüchte; man unterschied dabei den Großen Zehnt von den wichtigsten Früchten wie Getreide, Erbsen, Bohnen, evtl. auch Wein, und den Kleinen Zehnt, der von Obst, Kraut, Rüben, Flachs usw. gereicht werden mußte.

Gemeinde
Dorfgemeinde, in Bayern auch „Gmain" genannt, genossenschaftlicher Verband der Dorfbewohner, die sich die Nutzung des Gemeineigentums (→ Allmende) und die Bestreitung der kommunalen Lasten untereinander teilen. Mitglied der Gemeinde ist in der Regel, wer über Hausbesitz verfügt; ihr Entscheidungsorgan ist die Versammlung der Gemeindemitglieder, ihr Exekutivorgan die Institution der Dorfvierer.

Gemeinheit
→ Allmende.

Gerichtsherr
Inhaber der Gerichtsgewalt, hier insbesondere der Niederen Gerichtsbarkeit, wie sie auf dem Land vor allem die Hofmarksherrn (→ Hofmark) innehaben.

Gilt
Im Unterschied zur → Stift Natural-, bzw. Getreideabgabe (Giltgetreide) an den Grundherrn.

Grundherr und Grundherrschaft
In der frühen Neuzeit vor allem Verfügungsgewalt über den Boden, den der Verfügungsberechtigte, der Grundherr, zur Nutzung an Bauern (Grundholden) ausgibt, die er dafür zu Dienst- und/oder Abgabeleistungen verpflichtet.

Grundholde
→ Grundherrschaft.

Gutsherrschaft
Im frühneuzeitlichen Deutschland vor allem östlich der Elbe verbreitete Sonderform der → Grundherrschaft. Sie beruht auf einer Verknüpfung von Grund-, Gerichts- und Leibherrschaft der Gutsherren, die ihre ausgedehnten Eigenbetriebe von abhängigen und ihrer Freizügigkeit weitgehend beraubten Bauern bewirtschaften lassen.

Hirtenstab, wilder
Bildhafter Ausdruck für den herkömmlichen Weidebetrieb der Gemeinden, bei dem, so die Sicht der Agrarreformer um 1800, die Hirten ihr Vieh niedertrampeln lassen, was ihnen an kultivierten Flächen in die Quere kommt.

Hochgerichtsfälle
Man unterschied zwischen Hoch- und Niedergericht. Der Hochgerichtsbarkeit blieben Vergehen vorbehalten, auf welche die Todesstrafe stand, ursprünglich Mord, Notzucht, Diebstahl und Brandstiftung. Geringere Vergehen fielen unter die → Niedere Gerichtsbarkeit.

Hofanlage
Landesherrliche Steuer (Anlage), deren Höhe sich nach einem Kataster der Betriebs- bzw. Hofgrößen bestimmt.

Hofmark
Gebiet oder Besitzkomplex unterschiedlicher Größe, in dem die Grund- und (Nieder-) Gerichtsherrschaft in der Hand des Hofmarksinhabers – meist eines Adeligen – vereinigt sind. Oft verfügt der Hofmarksinhaber neben der → Grund- und Gerichtsherrschaft über zusätzliche Herrschaftsrechte (z.B. die Leibherrschaft).

Landeskulturmandat
Landesherrliche Anordnung zur Verbesserung der agrarischen Erzeugung, vor allem zur Intensivierung der Bodennutzung und des Anbaus (= Landeskultur). Die ersten bayerischen Landeskulturmandate wurden 1762 erlassen.

Landschaft
Gesamtheit der Stände, die zur Teilhabe an den politischen Geschäften des Landes berechtigt sind: in Bayern der Ritterstand, die Prälaten sowie die Städte und privilegierten Märkte.

Landsteuer
Ältere Form der direkten Steuern, die die Bauern an den Landesherrn zu entrichten hatten. Ursprünglich unregelmäßig im Fall besonderen landesherrlichen Bedarfs erhoben, wurde sie im 17. Jahrhundert zu einer regelmäßigen und mehrfach im Jahr erhobenen Abgabe. Seit Ende des 17. Jahrhunderts traten zu dieser Landsteuer verschiedene → Hofanlagen – ebenfalls direkte Steuern – hinzu.

Leibeigenschaft
Feudales Abhängigkeitsverhältnis, das auf der persönlichen Unfreiheit von Leibeigenen (oder Eigenleuten) gegenüber ihrem Leibherrn beruht. Die bayerischen Leibeigenen mußten in der frühen Neuzeit regelmäßig einen Kopfzins (oder Leibgeld) an ihren Herrn entrichten und sich meist freikaufen, wenn sie in einen anderen Herrschaftsbereich ziehen wollten; im Sterbefall wurde das Besthaupt (bestes Stück Vieh) oder eine ähnliche Abgabe von ihrem Vermögen eingezogen.

Merkantilismus
Wirtschaftsform im Absolutismus des 17./18. Jahrhunderts. Aufgrund der staatlichen Finanznöte versucht der Merkantilismus die Staatseinnahmen durch eine aktive Handelsbilanz zu steigern (die Geld und Edelmetall in das Land fließen lassen soll), und zwar durch die Förderung außenwirtschaftlich relevanter Gewerbe, durch Ausbau der Verkehrswege sowie durch bevölkerungspolitische und protektionistische Maßnahmen.

Niedergerichtsbarkeit
Vor dem Niedergericht wurden Verträge beurkundet, ferner Klagen und Vergehen behandelt, die nicht zu den → Hochgerichtsfällen zählten. Die Niedere Gerichtsbarkeit umfaßte aber auch die Polizeigewalt gegenüber den Gerichtsuntertanen, das Recht zur Steuerveranlagung, Musterung, das Jagdrecht usw., also ein ganzes Bündel von Herrschaftsrechten.

Realteilung
Im Unterschied zur geschlossenen Vererbung eine Aufteilung von Grund und Boden unter die Erbberechtigten.

Scharwerk
→ Frondienste.

Scharwerksgeld
Steuer, die an die Stelle der ehemals natural geleisteten Scharwerksdienste trat.

Sölde, Söldner
Sölde oder Selde war im mittelalterlichen Bayern und Schwaben Bezeichnung für ein einfaches Haus mit wenig Grund, bewohnt von ärmeren Leuten (Söldner). Die frühneuzeitlichen Söldner (die „Söldnerschaft" eines Dorfes) unterschieden sich von den Bauern („Bauernschaft") hinsichtlich ihrer gesellschaftlichen, vor allem aber ihrer gemeindlichen Rechte und Pflichten.

Stand
Rechtlich und sozial relativ abgeschlossene Schicht (oder Gruppe) innerhalb eines hierarchischen Gesellschaftssystems, der man (im Unterschied zum Berufsstand) per Geburt angehörte.

Stift
Geldabgabe an den Grundherrn.

Störschuster/-schneider
„Auf der Stör" befindet sich, wer bestimmte handwerkliche Arbeiten im Haushalt des Auftragebers statt in der eigenen Werkstatt verrichtet. Näherinnen, Sattler, Schneider, Schuster oder Weber verrichteten häufig Störarbeiten.

Subsistenzwirtschaft
Wirtschaftsweise, die nicht auf Gewinn- und Ertragsmaximierung, sondern auf die Sicherung des eigenen bzw. familiären Lebensunterhaltes ausgerichtet war.

Taglöhner(in)
Angehörige(r) der ländlichen Unterschicht, tageweise gegen Lohn bei Bauern, Handwerkern o. a. beschäftigt.

Todfall
Bezeichnung für eine Abgabe, die beim Tod Leibeigener an den Leibherrn bezahlt werden mußte.

Tridentinische Reform
Reformprogramm der katholischen Kirche, das als Antwort auf die Reformation 1545–63 beim Konzil von Trient (Tridentinum) erarbeitet wurde.

Villikation
Mittelalterlicher Herrschaftsverband, der als Mittelpunkt um den Hof (Fronhof) eines → Grundherrn organisiert ist. Der Herrenhof und die an dessen Peripherie gelegenen Neben- und Bauerngüter wurden von Unfreien bewirtschaftet.

Vogteiherr
Inhaber einer Vogtherrschaft. Vögte waren ursprünglich für die weltlichen Belange (militärischer Schutz, Rechtsprechung) innerhalb kirchlicher Herrschaftsbereiche zuständig. Diese Funktionen waren weitgehend an den Landesherrn übergegangen. Dennoch bestanden die Vogteien fort, und die Vogteiuntertanen mußten weiterhin bestimmte Abgaben (etwa den Vogteihafer) an ihren Herrn abführen.

Literaturverzeichnis

W. ABEL, Geschichte der deutschen Landwirtschaft vom frühen Mittelalter bis zum 19. Jahrhundert, Stuttgart 1962, 2. neub. Aufl. Stuttgart 1967.

K.-L. AY, Land und Fürst im alten Bayern. 16.–18. Jahrhundert, Regensburg 1988.

R. BECK, Jenseits von Euclid. Einige Bemerkungen über den „Hoffuß", die Staatsverwaltung und die Landgemeinden in Bayern, in: Zeitschr. f. bayer. Landesgeschichte 53, 1990, 697–741.

R. BECK, Naturale Ökonomie. Unterfinning; Bäuerliche Wirtschaft in einem oberbayerischen Dorf des frühen 18. Jahrhunderts, München 1986.

P. BLICKLE, Deutsche Untertanen. Ein Widerspruch, München 1981.

R. BLICKLE, Die Haager Bauernversammlung des Jahres 1596. Bäuerliches Protesthandeln in Bayern, in: P. Blickle (Hg.), Bauer, Reich und Reformation. Festschrift G. Franz, Stuttgart 1982, 43–73.

J. BLUM (Hg.), Die bäuerliche Welt. Geschichte und Kultur in sieben Jahrhunderten, München 1982.

S. BREIT, „Leichtfertigkeit" und ländliche Gesellschaft. Voreheliche Sexualität in der frühen Neuzeit, München 1991.

R. VAN DÜLMEN (Hg.), Kultur der einfachen Leute. Bayerisches Volksleben vom 16. bis zum 19. Jahrhundert, München 1983.

R. ENDRES, Sozialer Wandel in Franken und Bayern auf der Grundlage der Dorfordnungen, in: E. Hinrichs / G. Wiegelmann (Hg.), Sozialer und kultureller Wandel in der ländlichen Welt des 18. Jahrhunderts, Wolfenbüttel 1982, 211–227.

P. FRIED, Herrschaftsgeschichte der altbayerischen Landgerichte Dachau und Kranzberg im Hoch- und Spätmittelalter sowie in der frühen Neuzeit, München 1962.

P. FRIED, Historisch-statistische Beiträge zur Geschichte des Kleinbauerntums (Söldnertums) im westlichen Oberbayern, in: Mitt. d. Geograph. Ges. in München 51, 1966, 5–39.

D. GROH, Strategien, Zeit, Ressourcen. Risikominimierung, Unterproduktivität und Mußepräferenz – die zentralen Kategorien von Subsistenzökonomien, in: Strategien von Subsistenzökonomien (Schweizerische Gesellschaft für Wirtschafts- und Sozialgeschichte, Heft 5, 5. Jg.), Lausanne 1986, 1–37.

G. HANKE, Zur Sozialstruktur der ländlichen Siedlungen Altbayerns im 17. und 18. Jahrhundert, in: Gesellschaft und Herrschaft. Forschungen zu sozial- und landesgeschichtlichen Problemen vornehmlich in Bayern. Festschrift K. Bosl, München 1969, 219–270.

F. HAUSMANN, Die Agrarpolitik der Regierung Montgelas. Untersuchungen zum gesellschaftlichen Strukturwandel Bayerns um die Wende vom 18. zum 19. Jahrhundert, Bern/Frankfurt a.M. 1975.

M. HENKER u. a. (Hg.), Bauern in Bayern. Von der Römerzeit bis zur Gegenwart, Ausstellungskatalog, München 1992.

F.-W. HENNING, Landwirtschaft und ländliche Gesellschaft in Deutschland, Bd. I: 800 bis 1750, Bd. II: 1750–1986, jeweils 2. Aufl., Paderborn 1985 und 1988.

A.E. IMHOF, Die verlorenen Welten. Alltagsbewältigung durch unsere Vorfahren – und weshalb wir uns heute so schwer damit tun..., München 1984.

L. KUCHENBUCH (Hg.), Feudalismus – Materialien zur Theorie und Geschichte, Frankfurt a.M./Berlin/Wien 1977.

W.R. LEE, Population growth, economic development, and social change in Bavaria, 1750–1850, New York 1977.

F. LÜTGE, Die bayerische Grundherrschaft. Untersuchungen über die Agrarverfassung Altbayerns im 16.–18. Jahrhundert, München 1949.

E. MOSER-RATH, Dem Kirchenvolk die Leviten gelesen... Alltag im Spiegel süddeutscher Barockpredigten, Stuttgart 1991.

F.M. PHAYER, Religion und das gewöhnliche Volk in Bayern in der Zeit von 1750–1850, München 1970.

H. PLATZER, Geschichte der ländlichen Arbeitsverhältnisse in Bayern, München 1904.

J. SCHEIDL, Die Bevölkerungsentwicklung des altbayerischen Landgerichts Dachau im Laufe früherer Jahrhunderte. Ein kritischer Versuch, in: Zeitschr. f. bayer. Landesgeschichte 3, 1930, 356–386.

N. SCHINDLER, Widerspenstige Leute. Studien zur Volkskultur in der frühen Neuzeit, Frankfurt/M. 1992.

A. SCHLÖGL (Hg.), Bayerische Agrargeschichte. Die Entwicklung der Land- und Forstwirtschaft seit Beginn des 19. Jahrhunderts, München 1954.

R. SCHLÖGL, Bauern, Krieg und Staat. Oberbayerische Bauernwirtschaft und frühmoderner Staat im 17. Jahrhundert, Göttingen 1988.

H. SCHMELZLE, Der Staatshaushalt des Herzogtums Bayern im 18. Jahrhundert mit Berücksichtigung der wirtschaftlichen, politischen und sozialen Verhältnisse des Landes, Stuttgart 1900.

E. SCHREMMER, Die Wirtschaft Bayerns. Vom hohen Mittelalter bis zum Beginn der Industrialisierung. Bergbau – Gewerbe – Handel, München 1970.

TH. SHANIN, The nature and logic of the peasant economy, in: The Journal of Peasant Studies 1, 1973/74, 63–80 und 186–205.

F. STIEVE, Das kirchliche Polizeiregiment in Baiern unter Maximilian I. 1595–1651, München 1876.

H. WUNDER, Die bäuerliche Gemeinde in Deutschland, Göttingen 1986.

Lieferbare Publikationen

Veröffentlichungen zur Bayerischen Geschichte

Bd. 1/83: Blutenburg. Beiträge zur Geschichte von Schloß und Hofmark Menzing, 2. erw. Aufl. 1986.
Bd. 2/84: Glück und Glas. Zur Kulturgeschichte des Spessartglases.
Bd. 3/85-6/85: Aufbruch ins Industriezeitalter, 4 Bde., München 1985.
Bd. 7/85: Unternehmer – Arbeitnehmer. Lebensbilder aus der Frühzeit der Industrialisierung in Bayern, 2. erw. Aufl. 1987.
Bd. 8/86-10/86: „Vorwärts, vorwärts sollst du schauen...". Geschichte, Politik und Kunst unter Ludwig I., 3 Bde.
Bd. 11/86: Jochen Zink: Ludwig I. und der Dom zu Speyer.
Bd. 12/86: Aus dem adeligen Leben im Spätmittelalter. Die Skaliger in Oberitalien und in Bayern.
Bd. 13/86: „Angesichts des Trümmerfeldes...". Begleitband zur Ausstellung anläßlich des 40. Jahrestages der Bayerischen Verfassung.
Bd. 14/87: Reichsstädte in Franken. Katalog.
Bd. 16/88: Von Senefelder zu Daumier. Die Anfänge der lithographischen Kunst.
Bd. 18/88: „Siehe der Stein schreit aus der Mauer". Geschichte und Kultur der Juden in Bayern. Lebensläufe.
Bd. 20/90: „Hört, sehet, weint und liebt". Passionsspiele im alpenländischen Raum.
Bd. 21/91: Glanz und Ende der alten Klöster. Säkularisation im bayerischen Oberland 1803.
Bd. 22/91: Juden auf dem Lande. Beispiel Ichenhausen.
Bd. 23/91: Bauern in Bayern. Von der Römerzeit bis zur Gegenwart.
Alle Titel sind über den Buchhandel zu beziehen.

Hefte zur Bayerischen Geschichte und Kultur

Bd. 3: Eisenerzbergbau und Eisenverhüttung in der Oberpfalz. 1986 (H. Wolf).
Bd. 6: Die Bajuwaren. 1988 (P. Fried/H. Dopsch/H. Geisler).
Bd. 7: Die Zisterzienser in Altbayern, Franken und Schwaben. 2. Aufl. 1990 (K. Wollenberg).
Bd. 8: Christentum und Kirche im frühmittelalterlichen Bayern. 1989 (H. W. Wurster).
Bd. 9: Politische Geschichte Bayerns. Sonderheft, 2. Aufl. 1990.
Bd. 12: Die Dientzenhofer. 1991 (H. G. Franz).
Bd. 13: Politische Geschichte Sachsens und Thüringens. Sonderheft 1991 (K. Blaschke).
Bd. 14: Dörfliche Gesellschaft im alten Bayern 1500–1800. 1992 (R. Beck).
In Vorbereitung:
Bayerische Rechtsgeschichte.
Die Kelten in Bayern.

Die „Hefte zur Bayerischen Geschichte und Kultur" sind im Buchhandel und im Haus der Bayerischen Geschichte für eine Schutzgebühr von DM 5,– (Sonderheft DM 7,50) zuzüglich Versandkosten erhältlich. Ab Heft 14 beträgt die Schutzgebühr DM 7,50 (Sonderhefte DM 10,–).

Didaktische Begleithefte (kostenlos)
„Angesichts des Trümmerfeldes ..." Zum 40. Jahrestag der Bayerischen Verfassung. 1986.
Bernhard von Clairvaux und Bayerns Zisterzienser. 1989.
„Glanz und Ende der alten Klöster. Säkularisation im bayerischen Oberland 1803". 1991.
„Bauern in Bayern". 1992.

Exkursionsblätter
Zur Geschichte und Kultur der Juden in Bayern. 20 Exkursionsblätter (DM 10,–).
Führer zu zwölf Klöstern im bayerischen Oberland (DM 10,–).

Medienproduktionen
„Bet' und arbeit'! Ruft die Welt". Arbeiterlieder des 19. Jahrhunderts in Bayern. 1985 (MC, LP).
„Kompositionen für König Ludwig I. von Bayern". 1986 (MC, LP).
Musik aus bayerischen Klöstern des 18. Jahrhunderts. 1991 (CD).
Geschichte und Kultur der Juden in Bayern. Medienpaket zur Nürnberger Ausstellung, LB Nordbayern, Best.Nr. 5004024.
Die Industrialisierung Bayerns im 19. Jahrhundert. Medienpaket zur Augsburger und Nürnberger Ausstellung. LB Südbayern, Best. Nr. 5006086.
Glanz und Ende der alten Klöster. Medienpaket zur Benediktbeurer Ausstellung. LB Südbayern, Best.Nr. 5004005 (Videofilm aus dem Medienpaket auch beim Landesfilmdienst).

Sonstige Veröffentlichungen
Bauern in Bayern. Comic zur Ausstellung (DM 8,–).
Wandern mit Köpfchen: Benediktbeuern. 1991.

Kolloquiumsberichte
Untersuchungsbericht zur soziologischen Begleituntersuchung der Ausstellung „Aufbruch ins Industriezeitalter", 2 Bde., 1985, DM 10,–.
EDV-Tage Theuern 1990, 1991, 1992 (Die Berichte sind im Bergbau- und Industriemuseum Ostbayern, Schloß Theuern, Portnerstraße 1, 8457 Kümmersbruck, zu beziehen, DM 10,–).
Methoden und Themen der Landes-, Regional- und Heimatgeschichte in Bayern, Sachsen und Thüringen. 1991, DM 10,–, ISBN 3-927233-16-1.
Besucherforschung und Vermittlungsstrategien in historischen Ausstellungen. „Geschichte und Kultur der Juden in Bayern". 1991, DM 10,– ISBN 3-927233-14-5.

Nähere Angaben enthalten der Jahresbericht, der Hausprospekt und das Publikationsverzeichnis.

Mitglieder des Freundeskreises des Hauses der Bayerischen Geschichte e.V. erhalten kostenlos die „Hefte zur Bayerischen Geschichte und Kultur", freien Eintritt zu allen Ausstellungen und Einladungen zu Veranstaltungen des Hauses der Bayerischen Geschichte. Publikationen können verbilligt bezogen werden. Die Mitgliedschaft kostet für Einzelpersonen DM 30,–, für Institutionen DM 100,– pro Jahr. Für fördernde Mitglieder gelten besondere Bedingungen. Weitere Auskunft erteilt Dr. Manfred Treml, Freundeskreis Haus der Bayerischen Geschichte e.V., Liebigstraße 22, 8000 München 22.

Anschrift:
Haus der Bayerischen Geschichte
Liebigstraße 22
8000 München 22
Tel. (089) 21 65 – 0
Fax (089) 22 45 98